내 인생의 도시

내 인생의 도시

우리 시대 예술가 21명의
삶의 궤적을 찾아 떠난 도시와 인생에 대한
독특한 기행

오태진 글·사진

푸른메

―서문

장소와 인간 존재의 상관관계를 찾아가는 기행

　오랜만에 취재수첩을 꺼내들었다. 모처럼 나라 이곳저곳을 다니며 바람을 쏘였다. 여간해선 뵙기 힘든 분들을 만났다. 드물게 깊은 숨을 내쉰 2010년이었다.
　신문사 논설위원실은 고요한 호수 같은 곳이다. 어떤 이는 절간 같다고 하고, 어떤 이는 경로당이라고 부르기도 한다. 사설과 칼럼을 쓰다 보면 아무래도 앉아 있는 시간이 많다. 기자들이 길게는 이십 몇 년 동안 취재현장을 쫓아다니고 뉴스 지면 열심히 만들다 어느 날 논설위원실에 오면 뒷방 노인네 된 듯한 기분이 들게 마련이다.
　취재수첩에 남의 말을 받아 적은 게 언제였던가 싶던 작년 초, 편집국에서 〈나의 도시 나의 인생〉이라는 주간 연재를 기획했다. 전국 곳곳에 터 잡은 인사들의 삶을 그 도시, 그 지역의 정취와 함께 엮는 시리즈였다. 이 시리즈를 편집국 필자 한 사람과 번갈아 격주로 쓰게 됐다.

그렇게 해서 작년 한 해 전국을 돌며 모두 스물한 분을 만났다. 꽃샘바람 차가운 부산 태종대를 곽경택 감독과 거닌 것이 시작이었다. 발목 시리게 추운 날 사석원 화백과 서울 광장시장 먹자골목 '오순네'에 앉아 부침개에 막걸리를 마시기까지, 계절이 한 바퀴 돌았다.

다양한 인사를 고루 취재하리라 맘먹었던 건 여의치 않았다. 어떤 분야에서 일가一家*를 이루기까지 치열한 인생 스토리를 지닌 분을 찾다 보니 자연스럽게 문인에 치우치게 됐다. 화가 네 분, 학자와 스님과 영화감독이 한 분씩이었고, 열네 분이 시인과 소설가였다. 얼핏 문학기행처럼 보이지만 그보다는 한 사람이 거기 자리잡아 우뚝 서기까지 삶의 궤적을 따라가는 기행이라고 하는 게 낫겠다.

스물한 분을 만나 보니 모두 자기 터전에 운명 같은 애정을 기울이고 있었다. 고향이건, 인연 따라 찾아든 곳이건 거기 살기에 그의 업業이 풍성하게 꽃 피었고, 그가 있기에 그곳이 빛났다. 장소와 인간 존재를 이어주는 정서적 관계, 장소애場所愛 Topophilia라는 게 이런 거구나 싶었다. 중앙으로 집중하지도, 배타적이지도 않으면서 저마다 중심이 되는 감자 뿌리줄기 같은 리좀Rhizome식 삶이 거기 있었다.

이야기는 되도록 많이 들었다. 한 사람의 일생을 담는 것이기에 정확해야 했고 그래서 꼬치꼬치 물었다. 어떤 분은 농반弄半 "인터뷰가 아니라 고문拷問"이라고 했다. 그러다 보니 원고지 열 몇 장 기사에 담지 못한 이야기가 훨씬 더 많이 남았다. 처음부터 책을 낼 생각은 전혀 없었지만 우연찮게 책으로 엮으면서 열심히 들어뒀던 이야기가 큰 도움이 됐다.

취재 길은 줄곧 차를 몰고 다녔다. 만나는 분들이 대개 외진 곳에 살기 때문이었다. 작년 4월 황루시 교수를 취재하고 강릉에서 돌아오던 빗길 영동고속도로에서 사고를 만났다. 확장공사 구간 물 고인 노면에 차가 허망하게 미끄러졌다. 차는 조수석 앞부분으로 콘크리트 방호벽을 들이받고 한 바퀴를 돌아 다시 뒷부분으로 벽을 때렸다. 사고를 당하는 짧은 몇 초 사이 별의별 생각이 다 든다더니, 차가 도는 그 몇 초가 정말 그랬다.

차는 뒤따라오던 차들을 마주보고 멈춰 섰다. 그새 차들이 빽빽이 밀려 있었다. 추돌을 면했다는 게 신통했다. 차를 움직이려고 가속 페달을 밟았지만 꼼짝도 하지 않았다. 찌그러진 차체에 타이어가 물려 있었다. 운전석 문, 팔 받침대 홈에 뒀던 휴대전화기가 안 보였다. 한참을 헤매다 조수석 뒤 바닥에 떨어져 있는 걸 발견했다. 돌던 차가 부딪치는 충격에 전화기가 거기까지 날아갔다. 천행으로 몸은 크게 다치지 않았지만 10년 된 차 수리비가 6백만 원이나 나왔다. 생전 처음, 그것도 크게 당한 교통사고에 움츠러들 만도 했지만 계속 운전하며 취재를 다녔다. 그만큼 즐거운 취재였다.

느닷없는 '고문'을 당하면서도 하나같이 진지하게 이야기해주신 스물한 분께 새삼 감사드린다. 시리즈 집필 기회를 주신 강천석 주필, 툭

하면 자리 비우는 사람을 너그럽게 봐준 송희영 주간과 논설위원실 동료들께도 감사한다. 시리즈를 기획한 양상훈 편집국장, 졸고를 수발하고 편집해준 김동섭 차장에게도 고마움을 전한다.

  글에는 쓰는 사람의 생각을 거의 담지 않았다. 기자로 살며 몸에 밴 습성 탓일 것이다. 그래서 읽는 재미가 덜할 수 있겠다는 생각이 든다. 한 분 한 분의 내면을 잘 그려내지 못했다는 아쉬움도 솟는다. 그래도 책으로 다시 쓰면서 스물한 번의 즐거운 만남이 새록새록 되살아났다. 그런 즐거움이 읽는 분들께도 전해졌으면 좋겠다.

2011년 6월

오태진

차례

서문   장소와 인간 존재의 상관관계를 찾아가는 기행   005

1. 영화감독 곽경택의 부산   013
   됐나? 됐다! 부산은 내 영화의 영원한 무대

2. 시인 함민복의 강화   027
   강화 바다와 삶과 역사가 나를 깨어 있게 한다

3. 소설가 한승원의 장흥   041
   장흥 바다는 마르지 않는 내 문학의 샘

4. 시인 안도현의 전주   055
   비빔밥처럼 잘 비벼진 전주에서 적당히 외롭게 산다

5. 시인 유홍준의 진주   071
   나는 진주에서 기적을 이뤘다

6. 미황사 주지 금강 스님   085
　　나는 해남 미황사 지게스님입니다

7. 화가 사석원의 동대문시장   099
　　50 평생 드나든 동대문시장, 서울이 따뜻하다

8. 소설가 문순태의 담양   113
　　나를 키운 건 9할이 무등산

9. 민속학자 황루시의 강릉   127
　　34년 전 강릉에서 운명처럼 단오제를 만났다

10. 판화가 이철수의 제천   141
　　'청풍명월' 제천이 내게서 '분노'를 걷어내줬다

11. 소설가 김도연의 평창   155
　　대관령의 눈과 바람과 외로움으로 글을 쓴다

12. 화가 박대성의 경주   169
　　나는 신라왕릉 능지기, 경주의 신화에 귀기울인다

13. 시인 김영승의 인천   183
　　바위를 뚫는 우렁찬 파도소리 듣고 싶다

14. 시인 이원규의 지리산   199
　　나는 지리산에 뛰노는 한 마리 산짐승

15. 소설가 전상국의 춘천   213
　　산소 같은 도시 춘천에선 누구나 자연이 된다

16. 화가 이왈종의 서귀포   227
　　내 뼛가루에 서귀포 흙 섞어 도자기 빚어주오

17. 소설가 조경란의 서울 봉천동　　241
　　　봉천동 옥탑방에서 내 소설들이 몸을 풀었다

18. 소설가 정찬주의 화순　　255
　　　내 스승은 화순의 순한 자연과 사람들

19. 소설가 은희경의 일산　　269
　　　내 삶은 일산 이전과 이후로 나뉜다

20. 시인 고진하의 원주　　283
　　　치악산 기운받아 영혼의 살림 꾸려간다

21. 시인 정일근의 울산　　297
　　　귀신고래 기다리며 〈망경가(望鯨歌)〉를 부른다

영화감독 곽경택의 부산
됐나? 됐다! 부산은 내 영화의 영원한 무대

〈억수탕〉부터 〈친구〉까지 내 영화 열 편중 여덟 편을 부산에서 찍었다
태종대에서 정情을 알았고 광복동 극장에서 상상력을 키웠다

문득 봄이었다. 아직 바람이 찼지만 부산 영도 남쪽 끝, 태종대 앞바다에 은빛 물비늘로 부서져 반짝이는 건 분명 봄볕이었다. 살아 있다는 기쁨을 일깨우는 이른 봄날, 죽고 싶도록 아름답다는 태종대를 영화감독 곽경택과 함께 천천히 거닐었다.

곽경택에게 태종대는 정신의 성장판이었다. 1970년대 중반 영도초등학교 다닐 때 매일 새벽 아버지를 따라 3.6킬로미터 순환도로를 걸었다. 열일곱 살이던 1·4후퇴 때 인민군 징집을 피해 홀로 월남했던 아버지는 큰아들 손을 잡고 가며 조곤조곤 이야기를 들려줬다. 평남 진남포 고향마을 얘기, 두고 온 가족 얘기들이었다. 아버지는 놀라운 기억력으로 부모 가족 친척들을 매우 구체적으로 설명해줬다. 아버지

맏형님이 덫으로 새끼 참새를 잡아 묶어놓자 어미 참새가 며칠씩 모이를 물고 나타나 새끼에게 먹여서 새끼를 놓아줬던 일, 눈밭에서 개와 뒹굴던 일……. 아버지는 마치 눈앞에 보듯 생생하게 옛 일들을 설명했다. 곽경택은 "영화감독으로서 묘사력을 아버지로부터 물려받은 모양"이라고 했다.

누군가 다람쥐 한 쌍을 선물하자 아버지는 태종대에 들고 와 아들더러 숲에 풀어주라고 했다. 새장째 선물받은 새도 아버지가 어렸을 적 새끼 참새를 놓아줬듯 날려 보냈다. 아버지는 길가 어린 소나무에도 아들 이름을 붙여주고는 두고두고 지켜보라 했다.

부자는 순환도로를 언제나 시계방향으로 돌았다. 지금 여느 산보객이나 관광열차 코스와는 거꾸로였다. 제법 가파른 첫 언덕을 넘으면 갑자기 시야 가득 바다가 펼쳐지는 게 어린 눈에도 좋았다. 이제는 전망대가 들어선 자살바위 앞 주전자섬 뒤로 해가 떴고, 맑은 날엔 대마도까지 내다보였다. 새벽안개 낀 산책로는 환상적이었다. 뭔가 나타날 것만 같고, 온갖 소리들이 가까이에서 들렸다.

어린 곽경택은 태종대 앞바다에 떠가는 배들을 보며 상상의 나래를 펴곤 했다. 거기 탄 사람은 어떤 이들이고, 그 사람들의 가족은 어떤 이들일까. 그가 훗날 뉴욕에서 영화를 공부할 때 교수가 그림이나 사진 한 장을 내주고 발표를 시키는 '상상 수업'이 있었다. 사진 속 사람이 어떤 직업과 어떤 고민을 가졌고 어떤 상황에 처해 있는지 발표하게 했다. 상상력을 키우는 일종의 시나리오 작법 강의가 어릴 때 태종대 배를 보며 상상했던 방식과 똑같았다.

그는 "영화감독이란 상상력의 직업"이라며 "제임스 캐머런이 지닌 상상력의 깊이는 호주에서 바다를 보고 자라며 얻었다고 하더라"고 했다. 곽경택은 그렇게 태종대에서 정情을 알았고 상상력을 키웠다. 부산에서 영화 〈친구〉를 찍을 때는 장동건, 유오성을 비롯한 출연자들을 태종대부터 데려갔다. 바다를 따라 함께 걸으면 누구든 서로 마음을 터놓고 친해질 수밖에 없는 곳이 태종대다.

아버지는 피란 시절 부두 노동까지 하는 고생 끝에 스물세 살에 부산대 의대에 들어갔다. 곽경택은 군의관 아버지의 수영 민락동 군인 아파트에서 유년을 보냈다. 한 채만 덩그러니 서 있던 아파트 앞은 논밭이고 뒤는 산이었다. 어린 곽경택은 매일 뒷산에 올라 칡을 캐고, 들쥐와 메뚜기를 잡았다. 그렇게 땅에서 자랐던 시골의 삶이 더할 수 없이 소중했다.

늦깎이 개업을 한 아버지는 괜찮은 병원 자리를 찾느라 여러 곳을 이사 다녔다. 수영에서 영도로, 범일동으로, 그리고 광복동에 접한 토성동으로 옮겨 다녔다. 그래서 곽경택은 초등학교만 수영, 영도, 좌성, 토성 네 군데를 다녔다.

휴일 낮 광복동엔 싱그런 젊음이 어깨를 부비며 강물처럼 흐르고 있었다. 젊은이들을 서면 쪽으로 뺏기면서 한물갔다고는 해도 광복동은 여전히 '부산의 명동'이다. 땅값이 제일 비쌌던 옛 미화당백화점 자리, 지금 ABC마트 앞에서 광고 촬영이 한창이다. 예나 지금이나 한 시간만 서 있으면 친구 열댓은 간단히 마주친다는 곳이다.

곽경택은 '광복동 키드'였다. 그는 아버지 병원이 자리를 잡으면서 초등학교 4학년부터 토성중을 거쳐 부산고를 졸업할 때까지 토성동에 살았다. 집에서 육교만 건너면 광복동이었고, 곧바로 극장들이 죽 이어졌다. 왕자·국도·제일·부산·대영·부영, 대로 건너 자갈치 쪽 동명극장까지. 그는 휴일 아침 극장 간판들을 보며 걷다 내키면 들어가 조조영화를 봤다. 그 시간엔 단속 나오는 선생님들도 없어 안심이었다.

그는 중학 2학년 때 지금 키 173센티미터가 다 자라 미성년자 관람불가 영화도 쉽게 봤다. 어쩌다 극장 문 지키는 '기도'가 "몇 살이고?" 물으면 "스무 살 넘었어예"라고 잡아뗐다. "주민증 내봐라"엔 "갱신하고 있어예", "그라믄 학생증?"엔 "공장 다녀예"라고 대답하며 능청을 부렸다.

곽경택은 〈보디 히트〉나 〈포스트맨은 벨을 두 번 울린다〉처럼 진한 영화는 앉은 채로 두 번을 보기도 했다. 이제 부산영화제[PIFF] 광장 주변으로 부산극장과 대영극장, 둘만 남아 있다. 건너편에 있던 동명극장은 '동명단란주점'으로 이름만 남았다. 바로 그 곁에 아버지의 '신신피부과'가 있었다.

그가 살던 5층짜리 토성상가맨션은 헐어 없어지고 그 자리에 50 몇 층짜리 빌딩을 짓는다고 터 닦기가 한창이다. 지금 식으로 말하면 주상복합쯤 될 토성상가맨션은 일층이 상가였다. 국제시장처럼 장난감을 비롯한 잡동사니를 팔고 건어물 가게도 많았다.

가운데가 빈 'ㅁ'자 건물의 2층부터 5층까지 60가구쯤이 살았다. 판사, 검사, 의사, 국제시장 상인에 완월동 포주까지 다양한 사람이 살았지만 모두 잘 어울려 지냈다. 이웃이 다 친구였다. 한 해 하루는 '토성상가 주민의 밤'으로 정해서 상가 문 다 닫고 노래자랑도 하며 이웃끼리 질펀하게 놀았다. 곽경택은 "그 아파트 자체가 용광로 같은 도시, 부산의 축소판이었다"고 했다.

그와 함께 길 건너 자갈치시장으로 갔다. 몇 년 전 새로 지은 지상 7층, 지하 2층짜리 현대식 건물이 번듯하게 서 있다. 하지만 그 옆 노점이 빽빽하게 늘어선 시장통에서는 여전히 남루하면서도 비릿한 삶의 냄새가 물씬 풍겨 온다. 고등학교 때 사진반에 들어간 그는 카메라를 메고 자갈치를 드나들었다. 그리고 삶의 최전선에서 몸으로 살아가는 모습들을 담았다. 그가 카메라를 들이대면 상인들은 "뭐하러 찍노"라며 손을 내저었다. 욕도 실컷 먹었지만 자갈치 역시 그에게 영화적 감성을 키워준 곳이다.

아버지도 아들이 '할리우드 키드'로 자라는 데 한 몫 했다. 아버지는 TV에서 고전 명화가 나오면 초등학생이던 남매들을 거실로 불러내 보여주곤 했다. 곽경택이 초등학교 4학년쯤이던 어느 날엔 로버트 테일러, 비비언 리의 〈애수〉를 보게 한 뒤 감상을 말해보라고 하셨다. 그는 안 그래도 〈애수〉를 보고 가슴이 너무 아팠는데 '발표'까지 시키는 아버지가 야속했다.

아버지는 컬러 TV를 들여놓으면서 그간 쓰던 흑백 TV를 아들 방으로 넣어주셨다. 곽경택은 주말마다 신바람 나서 영화를 봤다. 안테나를 잘 맞추면 일본 방송도 잡혔다. 일본 TV 외화도 일본말로 더빙돼 알아들을 수 없었어도 열심히 봤다. 그는 "이제 생각해보니 영화감독 된 것도 다 어려서 정해진 운명이었구나 싶다"고 했다.

곽경택은 덩치가 커서 인기가 좋았다. 집이 큰 부자는 아니었어도 아쉬운 소리는 안 하고 자랐다. 중3 땐 학교 대대장도 했다. 그는 "바보 같은 생각이었지만 공부도 잘하고 싸움도 잘해야 한다고 믿던 시절"이라고 했다. 그런데 키 자라는 게 일찍 멈춰버렸다. 전에 우습게 봤던 아이들이 한판 붙자고 대들 때마다 당황스럽고 힘들었다. 그는 "학교 가기가 지옥 같았다"고 했다.

그가 고3 때 적성검사를 해봤더니 문과 쪽이 98점으로 두드러지게 높게 나왔다. 하지만 그는 의대를 가겠다고 했다. 아버지가 "잘 생각했다"고 반겼다. 아버지는 언제 또 전쟁이 날지 모른다는 두려움을 떨치지 못하고 사셨다. 아들에게 늘 "전쟁통에도 의사는 죽이지 않더라"고 했다. 사촌 형제와 집안 사위들까지 주변 사람이 모두 의사여서 곽경택은 의사가 돼야 밥 먹고 사는 줄 알았다. 다른 길은 생각지도 않았다.

고신대 의대를 다니다 보니 의사 인생이 답답해 보였다. 찡그리는 환자 얼굴을 평생 보고 살 생각을 하면 숨이 막혔다. 본과 올라가서는 점수도 잘 안 나왔다. 그는 TV 광고 찍는 일을 하고 싶어졌다. 삶이 다이내믹해지고, 멋진 남녀들과 어울리며 살 수 있을 것 같았다.

그가 영화 유학을 가겠다고 하자 아버지는 "정신 나간 놈" 한 마디

뿐이었다. 곽경택은 1991년 뉴욕으로 건너가 뉴욕대 예술대의 TV영화학과, TC스쿨에서 5년을 공부했다. 그러면서 늘 한국적인 것을 찍으려고 애썼다. 졸업 작품으로 단편 〈영창〉을 찍을 때도 그랬다. 부산 헌병대 방위병으로 복무할 때 이발병부터 감방 간수까지 갖은 일을 다 했던 경험을 살린 작품이었다. 이때도 믿을 곳은 부산이었다. 곽경택은 자갈치에서 군복과 군대 소품들을 사가서 찍었다. 그는 이 작품으로 뉴욕대가 주는 '스튜던트 필름 아카데미Student Film Academy 상'을 받았다.

그는 귀국한 뒤 첫 작품 〈억수탕〉도 부산에서 찍었다. 서울에 아는 사람도, 연고도 없었고 조감독도 한번 안 해본 처지였다. 서울 영화판 텃세도 만만치 않았다. 그는 영화 찍다 돌발 상황이 터지면 도움받을 수 있는 곳은 역시 부산이다 싶었다. 옷 하나 빌리고 사람 하나 필요해도 부산이라고 생각했다. 그는 무대가 될 옛 공중목욕탕을 비탈진 언덕 동네 개금동과 반송동에서 쉽게 찾아냈다.

〈억수탕〉은 언론과 평단으로부터 열렬한 찬사를 받았다. 하지만 독립영화 감성으로 만든 영화여서 흥행은 시들했다. 무속巫俗과 의사 이야기를 결합한 〈닥터 K〉는 흥행은 물론 평단에서도 외면당했다. 두 차례 실패한 뒤 마지막이라고 생각하고 만든 것이 〈친구〉였다.

〈친구〉의 시나리오는 따로 취재를 하지 않고도 고교시절 기억과 상상력만으로 썼다. 부산에서 자란 네 친구의 우정과 갈등을 그린 〈친구〉는 오래돼 누렇게 바랜 일기장 같은 작품이었다. 그는 영화 찍을 때마다 시나리오를 아버지에게 보여드리곤 했다. 아버지는 〈친구〉의 초고를 읽어보더니 "니가 쓴 것 중에 제일 낫다. 돈 있으면 투자하겠다"고 하셨다. "누가 부산 놈 아니랄까봐, 욕이 너무 많다"는 지적도 빼놓지 않으셨다. 실향민인 아버지는 탈북자 이야기를 다룬 2005년 〈태풍〉을 제일 반겼다. 영화를 보고 나서 말씀했다. "마, 수고했다."

곽경택은 2009년 〈친구〉를 TV 드라마 〈친구, 우리들의 전설〉로 만들기에 앞서 일본에 미리 팔아 엔화로 제작비를 댔다. 대개 한국 안에서 투자를 받아 제작한 뒤 팔던 방식을 거꾸로 뒤집었다. 아버지는 "드라마를 찍지도 않았는데 뭘 믿고 서류 하나에 수십억 원을 보내 오느냐"고 신기해 하셨다. 아버지는 아들이 얼마나 대견했던지 "니가 정주영 씨 같다"고 했다.

곽경택은 지금까지 만든 영화 열 편 중 여덟 편을 부산에서 찍었다. 한국적 소재를 찾아온 그에게 부산만한 곳이 없었다. 〈친구〉 촬영지도 머릿속에서 바로바로 떠올랐다. 준석과 상택이 속마음을 털어놓는 곳은 부산이 내려다보이는 산복도로 집 옥상, 패거리들이 내달리는 곳은 어릴 적 살았던 범일동 철로변 길…… 〈친구〉는 배우들보다 도시가 더 많은 이야기를 해준 영화였다. 부산이기에 가능한 일이었다.

〈친구〉는 2001년 870만 관객을 불러 모으며 한국 영화사를 새로 썼다. 부산의 매력을 골목 구석구석까지 세상에 알렸다. 〈친구〉 촬영지들은 관광명소가 됐다. 부산시는 영화가 지닌 매력과 위력을 〈친구〉에서 깨닫고 영화 촬영팀을 열심히 지원하고 유치하기 시작했다. 쓰나미 영화 〈해운대〉를 찍을 때는 광안대교를 여섯 시간이나 막아줬다. 서울

같았으면 난리가 났을 테지만 부산 사람들은 달랐다. 〈친구〉 이후 영화에 쏟는 애정이 '야구 사랑' 못지않은 덕분이었다.

부산은 영화의 도시다. 한 해 제작되는 장편 극영화 열에 넷은 부산에서 촬영된다. 부산시는 곽경택에게 보답하듯 자갈치 건어물시장, 기장 대변항 방파제, 범일동 국제호텔 앞에 〈친구〉 촬영을 기념하는 현판을 내걸었다. 범일동 철길 육교에서 삼일극장까지 '친구들의 질주' 6백 미터 길을 '친구의 거리'로 명명했다.

부산은 포구들의 도시다. 지금도 수협이 세 개, 어촌계가 쉰 개가 넘는다. 집들이 다닥다닥 붙은 산 중턱을 구불구불 산복도로가 가로지른다. 해방 후 돌아온 해외동포, 전란 때 밀려든 피란민들이 평지가 좁은 부산에서 살아보려고 산으로 산으로 올라갔던 흔적이다. 고층 아파트와 첨단 빌딩이 치솟은 해운대는 영락없이 외국이다. 휘황한 광복동, 남포동에서 길 하나만 건너면 비린내 물씬한 맨몸의 삶, 자갈치시장이다. 그렇듯 부산엔 어촌과 맨해튼, 어둠과 밝음, 근대와 첨단이 공존한다. 360만 인구에 서울보다 20퍼센트 더 넓은 거대도시면서도 한 사람 건너면 모두가 아는 '마을 정서'가 있다.

부산은 열린 도시다. 이미 6백 년 전인 조선시대 세종 때 부산포를 개항하고 왜관(倭館)을 둬 일본인들이 살게 했다. 19세기 말 개항 이래 전국 각지에서 갖가지 사연을 품은 민중이 맨손으로 찾아들었다. 해방 직후 30만이던 인구가 1955년 100만을 넘어섰다. '천일의 임시 수도' 시절엔 한꺼번에 50만 피란민이 몰려 아우성을 쳤다. 곽경택의 어머니도 피란 온 목포 사진관집 딸이었다. 지금도 명절에 일가가 모이면 평안도·전라도·경상도 사투리가 뒤섞인다. 상에 오르는 음식도 가지각색이다. 부산은 용광로다. 누구 눈치 안 보고 살아가는 자유인들의 도시다.

부산에 야구열이 뜨거운 것을 두고 곽경택은 "고향과 원향(原鄕)이 제각기 다른 사람들이 정서적으로 하나가 될 구심점이 없다가 야구가 그 역할을 하는 것"이라고 해석했다. 그 역시 경기장에 나가 시구(始球)도 하고, 응원 맥주파티도 여는 야구광이다.

곽경택은 영화 촬영이 없어도 한 달에 일주일은 부산에 온다. 그때마다 맨 먼저 달려가는 곳이 밀면집과 돼지국밥집이다. 그를 따라 광복동 뒷골목 밀면집에 갔다. 막 면을 헤치고 고추장 양념을 풀었을 즈음 그는 이미 한 그릇을 다 비우고 있었다. "밀면 안 먹으면 집에 온 게 아니다"고 했다.

밀면 그릇엔 전란의 아픔, 피란의 배고픔, 고향 생각의 간절함이 함께 버무려 있다. 피란 온 이북 사람들은 고향의 냉면이 먹고 싶었지만 메밀을 구할 수 없었다. 미군부대 구호품 밀가루로 면을 뽑고 돼지 뼈로 육수를 내 냉면을 대신한 게 밀면이다. 돼지고기로 설렁탕 맛을 낸 게 돼지국밥이다. 부산은 모든 것을 아우르고 녹여낸다.

부산 사람들은 뒤끝이 없다. 화끈하다. "됐나? 됐다!" 두 마디면 끝이다. 곽경택은 "부산 사람들은 거칠고 무뚝뚝해 보이지만 소리만 클 뿐, 음흉하지도 않고 숨겨둔 셈도 없고 수(手)도 낮다"며, "응어리를 바다에 다 토해내고 살아서 그런가 보다"고 했다.

시인 함민복의 강화
강화 바다와 삶과 역사가
나를 깨어 있게 한다

첫눈에 마니산에 반해 동막해변 찾아든 지 15년
이방인도 살갑게 맞아준 넉넉한 사람들
호국의 땅 강화도, 그 이야기를 글로 쓰고 싶다

 비가 내리자 동막해수욕장 갯벌은 더 짙은 잿빛을 띠었다. 뻘밭에 실핏줄처럼 퍼져 있는 물골들도 비에 불어 더 굵고 또렷해졌다. 함민복이 '물의 뿌리'라고 불렀듯 물골은 일제히 뻗어나가 바다를 풍요롭게 한다. 강화도 서남단, 마니산 남쪽 자락 동막해변엔 여의도 스무 배쯤 되는 갯벌이 펼쳐진다. 물이 빠지면 4킬로미터를 나가야 바다를 만난다.
 함민복과 함께 해변 동쪽 분오리 돈대^{墩臺}에 올랐다. 비도 잊은 채 갯벌에 쪼그리고 앉아 칠게며 조무락조개를 잡는 어른과 아이들이 마치 깨알 뿌려놓은 것 같다. 가랑비도 아랑곳 않고 조개잡이에 열중하더니 기어이 빗발이 굵어지자 우 하고 뭍으로 사라진다.
 강화 해안선을 빙 둘러가며 들어선 쉰세 개 진지^{陣地} 돈대는 위기마다 외침^{外侵}으로부터 민족을 수호했던 보루 강화도의 상징이다. 문화재 돈대를 빗속에 홀로 지키던 할아버지가 함민복을 보더니 반색한다. "함 씨, 웬일인가?" "할아버진 어쩐 일이시껴?" 그의 입에서 강화 말이 자연스럽게 나온다. 돈대 주차장 과일노점에 모여 있던 동네 노인들도 그를 반기더니 "벌써 가느냐"고 아쉬워한다. 동막해변은 그가 강화에 와 자리잡고 열두 해를 산 곳이다.

그는 1995년 늦가을 새벽 마니산에 올랐다가 강화에 반해버렸다. 산은 단풍으로 붉게 물들었고, 아래 논은 노랗게 익었고, 그 너머 바다는 파랬다. 삼원색이었다. 서울 금호동 달동네 단칸방에 살던 가난한 시인은 이듬해 대산문화재단에서 창작지원금 5백만 원을 받았다. 그 돈을 거머쥐자마자 곧장 마니산 기슭으로 달려왔다. 그는 화도면 동막리 바닷가 언덕, 두 해째 비어 있던 집을 보증금도 없이 월세 10만 원에 얻었다. 방 넷에 앞마당, 바깥마당, 텃밭까지 딸린 함석지붕 집이었다.

가운뎃방은 새는 빗물에 새끼들보가 삭아 부러지면서 내려앉는 바람에 미닫이문이 잘 열리지 않았다. 사랑방은 오래 불을 때지 않아 구들장이 주저앉았다. 그래도 마냥 좋았다. 마당 고욤나무 아래 앉아 바다를 보고 있자면 고욤 따먹으러 콩새가 날아왔다. 고욤이 익어 떨어지면 산에서 너구리가 내려왔다. 따로 떨어진 변소, 못 박아 걸어둔 화장지 위에는 딱새가 올라앉아 잠을 청했다. 월세가 한 달 담뱃값보다 적어서 집에게 미안했다.

함민복은 워낙 숫기가 없어 처음에는 동네 사람들에게 말도 붙이지 못했다. 갯벌을 날마다 3~4킬로미터씩 걸어나가 소라를 주워 왔다. 푹푹 빠지는 뻘 길을 걷다 보니 80킬로그램이었던 몸무게가 68킬로그램으로 줄었다. 출판사에서 원고 부탁하느라 삐삐 호출이 오면 몇 백 미터 떨어진 해수욕장 공중전화까지 갔다 오곤 했다. 고교 졸업 후 경북 월성 원전에서 근무했던 그는 서해도 동해처럼 한겨울에 뭐가 잡히는 줄 알고 낚싯대도 드리워 봤다. 혼자 살며 겨울 낚시 하는 그를 보고 사람들은 정신이 이상하다고 수군댔다.

한 일 년 지나니 동네사람들이 말을 걸어왔다. "왜 하는 일 없이 왔다 갔다 하느냐. 그러려면 일이나 도와라"고 했다. 어떤 이는 함민복이 "글쓴다"고 하자 글씨 쓰는 걸로 알고 "액자 만들어 걸어놓게 한 장 써 달라"고도 했다.

그는 버섯 비닐하우스 일도 거들고, 함께 배 타고 나가 품도 보태고, 갯벌에 말뚝 치고 숭어 그물 매는 일도 도왔다. 그러면서 갯벌의 삶에 빠져들었다. 강화 바다농사는 3월 실뱀장어, 4월 주꾸미 잡이로 시작해 오뉴월 숭어, 병어, 꽃게로 이어진다. 여름 참새우, 추석 꽃게, 가을 낙지와 젓새우 철까지 가면 한 해 끝이 보인다. 함민복이 강화 살며 낸 네 번째 시집 『말랑말랑한 힘』에는 이런 강화살이가 오롯이 담겼다.

    뻘에 말뚝을 박으려면

    긴 정치망 말이나 김 말도

    짧은 새우 그물 말이나 큰 말 잡아 줄 써개말도

말뚝을 잡고 손으로 또는 발로
좌우로 또는 앞뒤로 흔들어야 한다
힘으로 내리박는 것이 아니라
흔들다 보면 뻘이 물러지고 물기에 젖어
뻘이 말뚝을 품어 제 몸으로 빨아들일 때까지
좌우로 또는 앞뒤로 열심히 흔들어야 한다
뻘이 말뚝을 빨아들여 점점 빨리 깊이 빨아주어
정말 외설스럽다는 느낌이 올 때까지
흔들어주어야 한다

수평이 수직을 세워
그물 넝쿨을 걸고
물고기 열매를 주렁주렁 매달 상상을 하며
좌우로 또는 앞뒤로
흔들며 지그시 눌러주기만 하면 된다

―「뻘에 말뚝 박는 법」

  함민복은 갯벌에 말뚝을 박으면서 말랑말랑한 수평이 뻣뻣한 수직을 세우는 이치를 본다. 짓궂게 외설적인 상상을 하면서도 힘으로 내리박는 게 세상일에 능사가 아니라고 말한다.
  그는 낙지 잡는 요령도 이야기해줬다. 뻘삽으로 갯벌을 파 낙지 구명을 찾는다. 새끼 망둥어가 나오는 굴엔 틀림없이 낙지가 있다. 구멍 앞에 왼손을 갖다 대면 낙지가 뭔가 싶어 엄지손가락에 다리를 붙인다. 이때 다른 손가락으로 물을 때려 소리를 내 낙지의 정신을 사납게 하면서 손가락으로 다리를 잡는다. 동시에 굴로 오른손을 쳐넣어 번개같이 낙지를 낚아챈다. 어물거리면 낙지는 5~6미터나 되는 굴 속으로 눈 깜짝할 새 달아나버린다.

  낙지 잡기는 그렇듯 체력을 금세 바닥내는 일이다. 그래서 가을 낙지 철이 지나고 나면 다들 허리둘레가 줄어 바지가 헐겁다고 한다. 함민복도 탈진할 정도로 여섯 시간 내내 뻘밭 구멍에 손을 들이민 끝에 낙지 서른 마리를 잡아 10만 원에 판 적이 있다고 했다.

  그는 "그렇다고 나를 누군가 반* 어부라고 하던데 동네 형님들이 들으면 웃는다"고 했다. 낙지 잡으러 가면 그가 제일로 못 잡는다. 가을 두 달 새 낙지만으로 2천만 원을 버는 형님도 있다고 했다. 대여섯 살 손위 동네 형들은 그를 "함 씨" 또는 "함 시인"이라 부르고, 네댓 살 손아래 동생들은 그를 "형님"으로 따르며 어울린다.

    형님 내가 고기 잡는 것도 시로 한번 써보시겨
    콤바인 타고 안개 속 달려가 숭어 잡아오는 얘기
    재미있지 않으시겨 형님도 내가 태워주지 않았으껴
    그러나저러나 그물에 고기가 들지 않아 큰일났시다

    —「어민후계자 함현수」 일부

근래 동네 형, 아우들은 강화 바닷물 힘이 약해져 숭어도 새우도 안 잡힌다고 자주 푸념한다. 동막 동남쪽 영종도에 제방을 쌓아 공항이 들어서면서 물살이 느려졌기 때문이라고 한다. 그는 기후 온난화로 수온이 올라간 탓도 있는 것 같다고 했다.

그렇게 평생을 살 것만 같던 집터에 펜션이 들어서면서 함민복은 3년 전 동북쪽으로 10킬로미터 들어간 길상면 소재지 온수리에 월셋집을 얻어 옮겨야 했다. 동네 동생들이 집 지을 터를 떼어주겠다며 자기네 땅 쪼개는 측량을 서둘렀지만 시기가 맞지 않았다. 펜션 바람이 불면서 강화는 이제 변두리 땅이 더 비싸졌다.

그는 강화까지 흘러온 삶의 궤적을 "충주 남한강서 한강 하구까지"라고 했다. 충북 중원 농가에서 3남 3녀의 막내로 태어난 그는 일찍 아버지를 여의고 어렵게 자랐다. 고등학교 갈 형편이 못 됐던 중학생 함민복에게 담임선생님은 한국전력 부설 수도전기공고를 권했다. 등록금 없이 기숙사에서 먹이고 재워주되 졸업 후엔 발전소에서 5년을 근무해야 하는 특성화 학교였다. 근무기간을 채우면 군 복무도 면제받았다. 그는 이 학교를 다니며 몇몇 친구들과 함께 글을 쓰기 시작했다.

수도전기공고 아이들은 대개 화력발전소 근무를 원했다. 그때만 해도 외진 데 있던 원자력발전소보다 화력발전소에서 일하면 야간대에 다닐 수 있었기 때문이다. 그는 글이 쓰고 싶어 작은 화전이 있는 울릉도를 1지망으로 써 냈다. 이어 제주도와 서울을 2, 3지망에 올렸다. 하지만 1981년 졸업하면서 그는 동기생 3백 명 중 1백 명과 함께 경북

"글쓰는 내게 바다며 삶이며 역사며, 강화의 모든 것이 새로운 공부거리여서 끝없이 자극을 줍니다."

월성 원전으로 배치됐다.

　원전에서는 주로 터빈을 돌리는 발전과에서 일했다. 발전설비를 가동하고 보일러 냉각수를 조절하는 일이었다. 그러면서 몸보다 마음을 앓았다. 기계만 보면 머리가 아팠다. 인생길이 빤히 내다보이는 게 답답했다. 아직 어린데 인생이 너무 일찍 규정되는 게 싫었다. 고교 시절 문학친구들과 함께 문학모임을 만들어 글을 쓰는 게 유일한 낙이었다.

　무척 힘든 시절이었지만 중간에 그만둘 수도 없었다. 그만두면 고등학교 때 면제받았던 등록금을 물어줘야 했는데, 그럴 돈이 없었다. 그래서 더 절망적이었다. 차라리 원전 경비병 총을 맞고 죽어버리겠다며 무작정 바닷가로 나가기도 했다.

　그는 의무 근무기간 5년을 한 해 앞둔 1985년 스물셋에 퇴사했다. 그러면서 시를 쓰겠다는 생각을 굳혔다. 원전을 그만두면서 3백만 원 남짓 받은 퇴직금으로는 집 빚을 다 갚았다. 당시에는 큰돈이었다. 군 면제가 취소돼 1년을 방위로 근무했다.

　제대한 뒤 함민복은 홀어머니를 모시고 단칸 셋방을 옮겨 다녔다. 친구와 함께 경력과 나이를 감추고 구로공단에 취직하려다 숫기가 없어 실패했다. 그는 형과 누나네 가게 일을 거들다 1987년 서울예대 문창과에 들어갔다. 집을 위해 퇴직금을 썼던 그를 위해 형과 누나들이 등록금 40만 원을 모아줬다. 그는 이듬해 어머니 은혜를 소재로 한 「성선설」을 써서 등단했다.

　그는 누나 가게에서 일하기도 하고 매형과 함께 돼지를 쳐보기도 했다. 하지만 형, 누나들도 다들 형편이 힘들어졌다. 결국 그는 상계동 산꼭대기 셋방에서 모시고 살던 어머니를 고향으로 보내드려야 했다. 작은이모 댁 옆에 방 하나를 얻어놓고 어머니를 모시고 가던 1993년 여름, 청주 터미널에서 설렁탕집에 들어갔다.

지난 여름이었습니다 가세가 기울어 갈 곳이 없어진 어머니를 고향 이모님 댁에 모셔다 드릴 때의 일입니다 어머니는 차 시간도 있고 하니까 요기를 하고 가자시며 고깃국을 먹으러 가자고 하셨습니다 어머니는 한평생 중이염을 앓아 고기만 드시면 귀에서 고름이 나오곤 했습니다 그런 어머니가 나를 위해 고깃국을 먹으러 가자고 하시는 마음을 읽자 어머니 이마의 주름살이 더 깊게 보였습니다

(중략)

설렁탕에 다대기를 풀어 한 댓 숟가락 국물을 떠먹었을 때였습니다 어머니가 주인 아저씨를 불렀습니다 주인 아저씨는 뭐 잘못된 게 있나 싶었던지 고개를 앞으로 빼고 의아해하며 다가왔습니다 어머니는 설렁탕에 소금을 너무 많이 풀어 짜서 그런다며 국물을 더 달라고 했습니다 주인 아저씨는 흔쾌히 국물을 더 갖다주었습니다 어머니는 주인 아저씨가 안 보고 있다 싶어지자 내 투가리에 국물을 부어주셨습니다

(중략)

일순, 나는 참고 있던 눈물을 찔끔 흘리고 말았습니다 나는 얼른 이마에 흐른 땀을 훔쳐내려 눈물을 땀인 양 만들어놓고 나서, 아주 천천히 물수건으로

눈동자에서 난 땀을 씻어냈습니다 그러면서 속으로 중얼거렸습니다

    눈물은 왜 짠가.

    ―「눈물은 왜 짠가」 일부

함민복은 금호동에 있는 친구의 단칸 셋방에 함께 살며 출판사에서 일했다. 1995년 한 선배가 소설을 썼는데 발문을 써달라고 부탁해 왔다. 그 선배가 소설을 쓰기로 결심한 산이 마니산이라고 해서 늦가을 밤새 마니산에 올랐다. 그리고 새벽녘 내려다본 산 아래 풍경에 반하고 만다.

그가 살던 곳엔 늘 재개발이 뒤따랐다. 상계동, 금호동에 이어 강화에서도 펜션 개발에 밀렸다. 그래도 그는 도대체가 누구 원망할 줄을 모르는 사람이다. 소설가 김훈은 그를 "가난과 불우가 그의 생애를 마구 짓밟고 지나가도 몸을 다 내주면서 뒤통수를 긁는 사람"이라고 했다.

함민복은 "보람 있는 글 한 편 써보려고 강화에 왔다가 아직 못 쓰고 있다"고 했다. 강화도의 역사, 물고기와 옛 고기잡이 이야기 같은 것들이다. 그는 어느 할머니가 평생 보고 살아온 물때를 놓쳐 밀물에 빠져 숨진 얘기를 꺼냈다.

모시조개는 물이 들 때 숨어 있던 굴에 숨구멍을 내느라 표시를 낸다. 할머니는 그 조개 잡을 욕심에 물이 드는 것도 모르다 물골 따라 사방으로 들어온 물에 에워싸였다. 소리쳐 사람을 부르기엔 너무 멀리 나왔다. 할머니는 자식들이 당신 시신을 찾아 헤맬까봐 그물 매는 파

이프에 몸을 묶었다. 물이 차오를 때까지 할머니는 무슨 생각을 했을까. 죽음을 앞두고 함지박에 담아둔 조개들을 풀어주지는 않았을까.

강화는 살아보니 참 좋은 곳이었다. 태풍도 안 오고, 풍요로운 땅, 스스로 축복받은 땅이 바로 강화다. 그는 강화도를 가리켜 "썩지 않고 깨어 있으려고 사방에 소금물 울타리를 친 의지의 땅"이라고 말했다. 강화도는 민족의 자존심이다. 예로부터 서해로 밀어닥치는 외세外勢에 번번이 군민軍民의 피로써 맞부딪쳤다. 그가 강화를 배우려고 역사연구 모임에 나가보면 쉰 명씩 모여 빈자리가 없다. 은퇴한 학자부터 중년 문화해설사, 젊은 여성까지 열심히 공부하고 진지하게 토론한다.

강화 사람들은 섬사람 특유의 경계심이 있다. 텃세도 세다. 하지만 알고 지내면 그 이상 정 많고 친근할 수가 없다. 강화 와서 한 해 지나니 먹을 것 다 갖다줘서 끼니 거를 일이 없었다. 그는 "글쓰는 내게 바다며 삶이며 역사며, 강화의 모든 것이 새로운 공부거리여서 끝없이 자극을 준다"고 했다.

함민복은 돈도, 집도, 아내도, 자식도 없이 마흔여덟 해를 살았다. 원하는 게 별로 없고, 혼자 사니까 별 불편한 것도 없다고 했었다. 다만 파스를 방바닥에 펴놓고 그 위로 몸을 굴려 등에 붙일 때면 외롭더라는 우스개를 하곤 했다. 그러던 함민복이 2010년 초여름 혼인신고를 했다. 동갑내기 신부는 그에게 시작詩作 강의를 듣던 이다. 신부는 다니던 직장을 그만두고 강화에서 인삼가게를 열었다. 시와 함께 살던 늙은 소년에게 우렁각시가 찾아든 셈이다.

부부는 길상면 소재지 온수리에서 조금 더 들어간 장흥리 오붓한 마을, 잔디마당에 나직하고 깔끔하게 올라선 슬레이트집을 얻어 산다. 3천만 원짜리 전셋집이니 그가 지금까지 살았던 집 중에 단연 번듯하다.

두 사람은 한 해 뒤에야 식을 올렸다. 신부의 구순 노모가 "죽기 전에 딸이 면사포 쓰는 걸 봐야겠다"고 해서였다. 결혼식은 문단 잔치였다. 주례를 본 김훈은 우리 나이 쉰에 장가드는 함민복을 가리켜 "문단의 쾌거"라고 했다. 함민복은 제주도로 신혼여행을 떠나며 생전 처음 비행기를 타봤다.

그는 어느 겨울 술자리에서 동막 동생들에게 "죽으면 망둥어 밥 되게 갯벌에 뿌려 달라"고 말했었다. 가정을 이룬 함민복에게 앞으로 강화의 삶은 사뭇 다를 것이다.

소설가 한승원의 장흥
장흥 바다는 마르지 않는 내 문학의 샘

탐욕에 찬 서울 삶을 접고 장흥 바닷가로 돌아온 지 14년
괴롭던 병 가라앉고 고통스럽던 소설 쓰기가 즐거워졌다
이젠 내가 고향에 보답할 때

그 집 마당엔 고운 여인네의 향기가 떠다녔다. 황금빛 꽃을 자잘하게 매단 만리향이 향긋한 내음을 뿌리며 '여기는 남녘 땅'이라고 새삼 알렸다. 언덕 발치로 해안도로가 풀린 옷고름처럼 흘러간다. 그 너머 득량도와 소록도가 떠 있다. 장흥 안양면 율산마을 아트막한 산자락, 한승원의 집필실 '해산토굴'에선 득량만 바다가 한눈에 든다.

해산(海山) 한승원은 스님들이 수행처를 낮춰 이르는 '토굴'을 당호(堂號)로 붙였다. 거기 파묻혀 도 닦고 글쓰기에 몰두하겠다는 뜻이다. 고향 장흥으로 돌아온 지 15년, 『흑산도 하늘길』부터 『초의』, 『원효』, 『추사』, 『다산』, 『피플붓다』까지 장편만 열두 편을 써냈다. 일흔두 살 작가는 "서울 살 땐 고통이었던 소설 쓰기가 즐거움이 됐다"고 했다.

그는 장흥 회진면에서 태어났다. 2009년 작고한 소설가 이청준과 같은 면面 동향同鄕이고 동갑이다. 지금은 간척지 둑으로 연결돼 뭍이 된 덕도에서 아버지는 열 마지기 농사와 김 양식을 했다. 이를 테면 반농반어半農半漁였다. 워낙 가난했던 마을에서는 부자 소리를 들었지만 읍내 장흥중학교로 진학하고 보니 가난한 쪽에 들었다. 그는 한 주 걸러 한 번씩 80리 길을 걸어 고향집에서 자취방으로 쌀 닷 되, 보리 닷 되를 지고 왔다. 쌀을 보리로 바꿔 팔아 남긴 돈으로 책을 사고, 그 대신 하루 두 끼 왕모래처럼 거친 보리밥을 먹었다.

보리 닷 되는 그에게 삶을 꾸려 가는 양식糧食 이상의 의미가 있었다. 그가 중학교 3학년일 때 학교는 전교생에게서 보리 닷 되씩을 거뒀다. 그 보리를 팔아 만든 돈으로 악기를 사들이고 취주악대, 이른바 브라스밴드를 만들었다.

장흥고 1학년 한승원은 군사훈련을 하는 교련시간이 싫었다. 학교는 취주악대원에겐 교련을 빼주고 그 시간에 악기 연습을 시켰다. 그는 악대에 들어가 클라리넷을 불었다. 따지고 보면 보리 닷 되를 학교에 바친 덕분이었다. 그렇게 배운 클라리넷은 시골 소년 한승원이 그 시절 말로 예술병, 문학병이 드는 계기가 됐다.

그는 자취방 앞집 동갑내기 여학생과 사귀었다. 이 친구가 그에게 계속 소설책을 빌려다 줬다. 여학생들끼리 소설 돌려보기가 유행하던 때여서 빨리 읽고 돌려줘야 했다. 그는 밤새 소설을 읽어댔다. 박계주의 『순애보』를 비롯해 김내성, 방인근 같은 대중소설도 가리지 않고 잡독(雜讀)했다. 이광수의 『흙』과 『원효대사』도 읽었다. 그러다 문예반에 들어갔다. 거기서 쓴 서른 장짜리 장편(掌篇) 「천수답」을 지도선생님이 보더니 "참 잘 썼다"고 극찬했다. 그때 한승원은 자신의 운명이 글을 쓰는 것이라고 확신했다.

졸업을 앞두고 아버지가 교통사고로 다리를 다치면서 집안 형편이 급격히 나빠졌다. 군 복무 중이던 맏형을 대신해 졸업 후 3년 동안 논농사, 김농사를 지었다. 쟁기질하고, 새끼 꼬아 김발 엮고, 김 말뚝을 박았다. 그러면서도 버틸 수 있었던 건 대학에 안 가도 시인이나 소설가가 될 수 있다는 믿음이 있었기 때문이다. 그러나 틈틈이 써서 문학지에 보낸 시와 소설은 번번이 공모에서 떨어졌다. 그는 "아버지 밑에서 머슴살이를 한 셈이었다"고 했다. 하지만 그때 겪어낸 갯바닥 삶은 한승원 문학의 모태(母胎)가 됐다. 그래서인지 그의 문학 언어에선 늘 비릿한 바다 내음과 싱그러운 흙냄새가 배어나온다.

그는 더 이상 농사일이 손에 잡히지 않았다. 전남대 국문과 다니던 회진면 문학 친구와 함께 어울려 다니며 밤새 술 마시고 문학 열정을 토해냈다. 그때 "서라벌예대가 좋은 학교"라는 친구의 말을 새겨들어뒀다. 밤늦게 쏘다니는 아들을 아버지는 많이 나무랐다. 어느 날 꾸중을 듣다 아버지에게 대들었더니 아버지는 책을 모두 마당에 내던졌다. "되고 싶은 게 겨우 딴따라냐"고 고함을 쳤다.

한승원은 집을 나왔다. 어디든 가서 한 해 머슴살이를 하면 돈을 모아 대학에 갈 수 있을 거라고 생각했다. 하지만 보성 어느 집에서 사흘

일하고 나니 너무 힘들었다. 결국 나흘째 되던 날 집으로 돌아왔다. 그 날 아버지는 "하고 싶은 대로 해라"고 하셨다. "대학 갈 돈 다 대 주마"고 두 손을 들었다.

그는 1961년 서라벌예대 문창과에 들어갔다. 거기서 이문구와 함께 김동리를 만났다. 한승원이 덜 익은 소설을 들고 찾아가면 하늘 같던 동리 선생은 가르칠 것 다 가르치신 다음 그를 대문 밖까지 배웅해주곤 했다. 열심히 하라며 손 잡아주고 등을 툭툭 쳐줬다. 한승원은 "지금 내게 소설을 배우겠다고 찾아오는 사람들에게도 선생님께 배운 그대로 하고 문밖까지 나가 배웅한다"고 했다. 그는 2007년 『원효』로 '동리문학상'을 받아 스승의 은혜에 조금이나마 보답했다고 생각한다.

그의 집필실엔 "화광동진和光同塵"이라는 『노자老子』 한 구절이 걸려 있다. '빛을 부드럽게 해서 사람들과 함께하라'는 글귀다. 거기엔 '자기 지혜와 힘을 밖으로 드러내지 않고 속세와 어울려 지내며 참된 자아를 보여준다'는 뜻이 담겨 있다. 이 말처럼 그는 "편 가르기가 제일 싫다"고 했다.

한승원은 창비와 문지, 양쪽에서 다 소설집을 냈다. 1960년대 참여·순수 논쟁 때도 동리 선생은 그에게 "너는 중도中道"라고 했다. 일평생 문우文友 문순태가 "문학은 역사의 칼이어야 한다"고 할 때마다 그는 "문학엔 들꽃의 아름다움도 있어야 한다"고 맞섰다. 그는 좋은 작품은 어느 시각으로 읽어도 가치 있고 아름다운 법이라고 믿는다.

그는 국어 준교사자격증을 따 졸업 후 교단에 섰다. 첫 부임지인 장

흥 장동면 산골 서초등학교에서 1966년 신춘문예에 당선했다. 그 등단 작품 「목선木船」부터가 고향 덕도의 갯마을 사람들 이야기였다. 새해 첫날 어머니는 「목선」이 실린 신문을 아버지 영정 밑에 올렸다. 그는 영정에 절을 하면서 "아버지 죄송합니다" 하며 울었다.

한승원은 광양중학교를 거쳐 광주 동신중학교에서 학생들을 가르쳤다. 그러면서 터울이 많게는 스무 살까지 지는 동생 여섯을 뒷바라지했다. 교사 봉급으론 어림없는 일이었다. 열심히 소설을 쓰는 수밖에 없었다. 도스토예프스키가 노름빚을 갚으려고 글을 썼듯. 그는 시詩 쓰기도 좋아했지만 삶을 도와주지 못하는 시는 저 아래로 가라앉아버렸다. 다행히 작품이 좋은 평판이 나면서 감당하지 못할 만큼 원고 청탁이 밀려들었다. 원고료와 인세가 월급을 웃돌았다. 작가로서 자신감이 붙었다.

그는 1980년 과감히 교직을 떨쳐버리고 서울로 올라가 전업작가로 살았다. 80년대에 영화로도 성공한 『아제아제 바라아제』를 비롯해 베스트셀러를 연이어 냈다. 그 무렵 삼성출판사가 이청준부터 이문열까지 작가 스물넷을 엮어 『제3세대 문학전집』을 냈다. 이게 250만 질이 팔렸다. 거기에 『아제아제 바라아제』가 18만 부 팔렸다.

그는 동생들을 서울로 불러올렸다. 인세印稅만으로 다 대학까지 가르치고 시집·장가 보냈다. 좋은 소설 쓰는 사람이라는 이름을 굳혔고 순수소설가 중에 태작駄作이 없는 작가라는 얘기도 들었다. 그는 "신문 연재를 안 하고도 순수를 지킬 수 있었던 게 작가로서 내 삶에서 큰 행운이었다"고 했다. "고난도 없지 않았지만 소설만 써서 집안의 대들보, 기둥 노릇을 하고 내 삶도 걷어올린 것은 독자들이 도와주고 만들어준 것"이라고 했다.

1994년 일곱 권짜리 장편 『동학제』를 써서 초판 2만 질을 찍었다. 고료는 많이 받았지만 막상 언론과 문학계의 주목을 받지 못해 크게 낙심했다. 그는 스스로를 돌아봤다. '열심히 쓴다고 썼는데 새삼 나는 무엇인가.' 그러면서 부정맥을 얻었다. 걸핏하면 숨이 차고 얼굴이 창백해졌다. 그는 낙향을 생각해보았다.

서울 살며 출판기념회나 문학상 시상식, 송년회에 가면 선배 작가들이 그에게 인사를 건네오곤 했다. 하지만 식장에 차려진 뷔페상이 끝나면 그 선배들에게 2차 가자는 사람도, 커피 한 잔 마시자는 사람도 없었다. 쓸쓸히 떠나는 쇠락한 노(老)작가들의 모습에서 그는 자신의 말년을 봤다. 이대로 서울살이를 계속하다 보면 나중에는 선배들과 똑같은 모습일 것이라는 생각이 들었다.

1996년 동생들이 모두 자리를 잡고 가정도 꾸린 쉰일곱에 낙향을 결심했다. 이젠 가족이 아닌 나를 위해 정말 좋은 작품을 쓰겠다고 새롭게 마음먹었다. 모두가 "문학시장 서울을 두고 왜 내려가느냐"고 말렸다. 그는 속으로 외쳤다. "권력과 영화는 너희들 것, 나는 내 소설을 쓰겠다"고.

한승원은 득량만 언덕에 집을 짓고 방대한 고전과 역사서를 읽어댔다. 사서칠경부터 『사기(史記)』, 불경에 천주교 서적까지 독파하고 글씨와

차*도 공부했다. 그러면서 정약전, 초의선사, 김정희, 원효대사, 정약용이 차례대로 그의 펜 끝에서 되살아났다.

그는 늘 이가 시렸다. 작품을 쓰면서 잔뜩 긴장한 채 자기도 모르게 이를 앙다물기 때문이다. 그렇듯 글쓰는 건 모진 스트레스였다. 그러나 고향에 내려온 언젠가부터 글쓰기를 즐기는 쪽으로 바뀌었다. 고향 바다와 자연이 주는 유쾌함이 소설 쓰는 즐거움으로 다가왔다. 그는 "자연 속에서 사니 훨씬 글이 잘 써지더라"고 했다. 서울 살 땐 몸무게가 57킬로그램쯤이었다. 큰 키에 비하면 말이 안 되는 체중이었다. 지금은 64킬로그램이 나간다. 여전히 마른 몸매이지만 그의 얼굴은 해맑갛다.

그는 육식을 끊고 주로 생선을 먹는다. 덕분인지 부정맥도 가라앉았다. 예전 대밭이던 집 뒤 언덕엔 6백 평 차밭을 가꾼다. 죽로차를 얻으려고 대를 조금 남겨놓은 게 두고두고 애를 먹인다. 죽순이라는 놈이 얼마나 억센지 수시로 밭뙈기를 뚫고 올라온다. 봄이 되면 아침 일찍 풀 깎고 죽순 뽑는 게 큰 일과다. 풀을 베고 차를 따고 덖고 우려내 마시는 모든 것이 수행이다.

몸이 절망적으로 아팠을 때는 예순까지만 살았으면 좋겠다고 소원했다. 어느덧 10여 년을 덤으로 산 셈이다. "왜 그땐 그리 앓았을까. 되돌아보면 그건 탐욕 때문이었다"고 했다. 한승원은 "바다도 예전 젊어서 만났던 바다가 아니더라"고 했다. 그를 낳아준 장흥, 지금 자신을 보듬어주는 바다를 그는 우주의 시원始原, 우주적 자궁이라고 불렀다. "내게 득량만 바다는 화엄의 바다이고, 내 소설의 모태"라고 했다.

그는 자기 속에 들어 있는 장흥의 요소들이 자신을 만들었다는 사실을 잘 안다. "그냥 늙어가는 게 아니라 내 속에 보석 같은 사리가 앙금 지고 있는 값진 깨달음의 프리미엄을 얻고 있다"고 했다. "고향에 와 누리고 사는 은혜를 입고 있다"고 했다.

한승원이 고향에 빚 갚을 생각으로 3년을 구상해 쓴 장편이 『피플붓다』다. 장흥의 진산 억불산億佛山을 소재로 삼았다. 억은 만민萬民을 뜻하고 억불은 만민을 구제하는 부처, 피플붓다를 의미한다. 바로 그 미륵부처가 있는 땅이 장흥이다.

장흥엔 천관산, 제암산, 사자산, 억불산까지 명산이 넷이나 된다. 그 산세만큼이나 강한 저항의 피가 장흥 사람들에게 흐른다. 장흥은 동학의 최후가 횃불처럼 타오른 곳이다. 동학군이 우금치까지 갔다가 일본군 기총소사에 전멸한 뒤 남으로 밀려 3만 명이 집결했었다.

그렇게 모인 동학군은 장흥에서 마지막까지 일본군에 맞섰다. 그는 "동학사史를 보면 다른 곳은 동학 조직 접接이 하나쯤 있었는데 장흥엔 넷이나 됐다"고 했다. 동학군은 재기를 도모하며 장흥과 강진 관아와 강진 병영까지 접수하고 나주로 진격하려다 일군에 밀려 장흥 석대뜰 전투에서 전멸했다.

남은 동학군은 섬이나 산으로 도망쳐 숨었다. 그 후 일본 헌병대가 장흥에 주둔했다. 남쪽 끝 외진 바닷가까지 헌병들이 내려온 것은 동학의 뿌리를 캐내겠다는 의도였다. 얼마나 모질게 뿌리까지 파냈는지 25년 뒤 1919년 3월 1일 만세가 전국을 흔들었을 때도 장흥 읍내에서

만 만세를 부르지 못했다. 그만큼 저항세력에 대한 탄압과 와해가 철저했다. 그는 "장흥 사람들 몸엔 힘 있는 것에 대한 저항의 피가 흐른다. 생명력도 강하다"고 했다. "그 피가 내 작품에도 흐를 것"이라고 했다.

한승원의 집필실 해산토굴에는 사람들이 심심찮게 찾아든다. 그의 문학과 삶 이야기를 들으러 오는 사람들이다. 고교생, 대학생, 독서 그룹 같은 단체만 쳐도 한 해 1,500명쯤 된다. 사람이 많아 집필실에서 맞지 못하면 풀밭이나 마당에 둘러앉아 만난다. 그러자 장흥군에서 집필실 바로 아래에 기와집 한 채를 지어주고 '한승원 문학학교'라는 현판을 달았다. 장흥에 사람들을 불러들이고 장흥을 문학의 고장으로 알리는 한승원에 감사하는 마음에서다.

그는 기와집에 '달 긷는 집'이라는 이름을 붙이고 편액도 써서 걸었다. 달 긷는 집 옆 바위에 이 집에 담긴 뜻을 알리는 정초문定礎文을 새겨놓았다. "황혼에 집 한 채 지었습니다. 전신주 벌이줄 감으며 올라가는 하늘수박 덩굴이 타고 가는 나선 같은 태극의 끝. 숲속 옹달샘에 빠진 달 바가지로 길어가지고 암자로 달려왔다가 사라진 그 달 때문에 울다 죽어간 스님. 강물 속 달 길으려다 익사한 이태백을 기리는 달 긷는 집."

그 글이 한 편의 시 같다 했더니 그의 네 번째 시집 『달 긷는 집』에 실린 「서시序詩」와 거의 같았다. 달은 그가 따고자 하는 궁극의 문학적 구원救援이리라는 생각이 들었다. 달 긷는 집 너른 청마루에 앉으니 목재로 쓴 편백이 기분 좋은 내음으로 사람을 감싸안는다. 청마루 한쪽엔 꽹과리, 징, 북, 장고들이 놓여있다. 그는 글이 잘 안 나가거나 생각이 복잡할 때면 사물을 귀가 잉잉거리도록 두드린다.

한승원은 집필실 마당 한쪽에 놓아둔 상석床石을 가리키며 "여기가 내 무덤"이라고 했다. 마당에 유골을 뿌려달라고 소설가인 아들 동림과 딸 강에게 이야기해놓았다. 그는 "살아 있는 한 글을 쓰고, 글쓰는 한 살아 있을 것"이라고 했다. 장흥에 와 있기에 가능한 일이다.

바로 앞 여닫이해변으로 나갔다. 한쪽으로만 열리는 여닫이처럼 육지 쪽 물만 내보내는 수문이 있어서 붙은 이름이다. 관광공사가 '가장 깨끗한 갯벌이 숨쉬는 아름다운 바닷가'로 꼽은 해변에 '한승원산책로'가 나 있다. 장흥군이 길 따라 한승원의 시 30편을 비碑로 세워놓았다. 그 중「나 그냥 그렇게 산다」에 눈길이 간다. 그는 문학과지성사에서 네 권의 시집을 낸 시인이기도 하다.

> 구름이 물었다 요즘 무얼 하고 사느냐고
> 내가 말했다 미역냄새 맡으며 모래알하고
> 마주앉아 짐짓 그의 시간에 대하여 묻고
> 갈매기하고 물떼새하고 갯방풍하고 갯잔디하고
> 통보리사초 나문재하고 더불어
> 짭짤한 세상 살아가는 이야기하며
> 거나하게 취한 채 먼 바다에서

객기 부리며 달려오는 파도하고 함께 재주 넘고

또 술 한잔

나 그냥 그렇게 산다

그 하늘 위 그 하늘 아래에 오직 내가 혼자 서 있을 뿐

내 운명의 버거운 짐 누가 대신 짊어져 주랴 하고

노래하며 바닷가 모래밭에 열어놓은 나의

길 따라 비틀거리며 출렁거리며

―「나 그냥 그렇게 산다」

시인 안도현의 전주
비빔밥처럼 잘 비벼진 전주에서
적당히 외롭게 산다

맛과 멋의 고장, 전주에서 전라도 쌀 먹고 산 지 30년

그 땅은 내 시의 자양분

이렇게 푸짐하게 차려도 남는지…… 손님이 주인 걱정하는 곳

효자동 '홍도주막'에서 안주상을 받은 안도현의 입이 함지박만하게 벌어졌다. 큼직한 청어구이에 닭고기미역국, 돼지 편육, 생두부, 더덕, 호박죽, 번데기…… 열 몇 가지 안주가 좍 깔렸다. 1만 2천 원 하는 막걸리 한 주전자에 딸려 나온 안주들이다. 주전자에는 750밀리리터짜리 막걸리가 세 통이 담겼으니 막걸리 값만 받고 안주는 공짜인 셈이다.

한 주전자씩 더 시킬 때마다 새 안주가 나오는 건 먹을거리이기에 앞서 구경거리다. 홍어삼합, 간장게장, 조기찌개, 산낙지, 광어회 식으로 갈수록 급級이 올라간다. 이러니 전주 막걸리집에서는 손님이 주인 걱정을 한다. "이러고도 남아요?"

안도현은 막걸리집 하루 이틀 온 것도 아닐 텐데 연방 싱글벙글 얼

굴이 환하다. '이 맛에 전주 산다'는 표정이다. "전주를 흔히 맛과 멋의 고장이라고 부르지요. 먹고 마시는 일이 풍류의 하나라면 전주는 풍류를 즐기기에 더없이 좋은 곳입니다."

1백 곳 넘는 막걸리집을 비롯해 전주에서 맛봐야 할 음식은 꼽기도 숨 가쁘다. 비빔밥, 콩나물국밥, 한정식, 백반, 돌솥밥, 국수, 떡갈비에 민물고기뚝배기 오모가리탕, 가게에서 북어구이와 갑오징어구이 같은 가벼운 안주와 함께 맥주를 파는 '가맥'까지. 외지 사람은 몇 년을 다녀도 다 떼지 못할 진미와 인심이 가득하다.

그런 안도현도 30년 전 처음 콩나물국밥을 접했을 땐 선뜻 먹기가 힘들더라고 했다. 경상도에서 자란 그는 쿰쿰한 새우젓 냄새에 누런 빛깔만 보고 뭐 이런 죽밥이 있나 싶었다. 그는 1961년 경북 예천에서 태어났다. 낙동강으로 흘러드는 내성천변 소망실마을 농가의 4남매 중 큰아들이었다. 이듬해 그의 집은 군郡 경계를 넘어 인접한 안동 풍산으로 옮겨 갔다. 그는 풍산초등학교를 나온 뒤 사촌들을 따라 대처大處 대구로 유학을 갔다.

안도현은 경북대 사대부중을 다닐 때까지도 수채화를 즐겨 그리며 화가의 꿈을 품었다. 그러다 고등학교 입학을 앞두고 친구 집에 갔다가 책꽂이에 가지런히 꽂힌 삼중당문고를 접하고 문학에 빠져버렸다. 그는 대건고에서 문예반에 들어갔다. 3년 내내 전국 백일장을 휩쓸며 소년 문사로 이름을 날렸다.

그는 문예장학생을 최고로 좋은 조건에 뽑는 경희대를 지망했다. 하지만 뜻밖에 암초를 만났다. 예비고사 점수가 경희대 측이 내건 하한 점수에서 4점이 모자랐다. 한번 떠나겠다고 맘먹으니 대구에 더 있고 싶은 생각이 없었다. 1980년 그는 "망명하는 기분"으로 전북 익산 원광대로 유학을 왔다. 등단하면 4년 등록금을 모두 면제해주고 윤흥길, 박범신, 양귀자를 배출한 학교라는 게 그를 끌었다.

안도현은 1학년 말이던 1981년 정초 「낙동강」으로 대구매일 신춘문예에 당선했다. 4학년 때인 1984년 동아일보 신춘문예에 당선된 시는 만경강을 배경으로 삼은 「서울로 간 전봉준」이었다. 「낙동강」은 경상도에서 자란 열아홉 해를 함축했고, 「서울로 간 전봉준」은 전라도에서 살아갈 세월을 예고했다.

그 시대 문학 선배들은 "문학만 해서는 안 된다. 역사와 사회과학 서적부터 읽어라"고 가르쳤다. 안도현은 한국근현대사 책 뒷부분에서 서울로 압송되는 전봉준 사진을 보고 충격을 받았다. 전라도로 상징되는 역사적 상황이 '안일한 서정시만 써서는 안 되겠다'는 생각을 하게 만들었다. 그는 전라도의 역사성, 현실과 현장을 좀 더 가까이 들여다봤다. 「서울로 가는 전봉준」에는 전봉준의 실패와 광주의 좌절이 오버랩됐다.

살아보니 전라도는 슬픈 곳이었다. 전라도 땅과 사람들 마음속에 밴 슬픔을 문학적 자양분으로 삼아도 좋겠다는 생각이 들었다. 그렇게 전라도 땅에서 난 쌀을 먹고 산 지도 서른 해가 넘었다.

사실 안도현도 경상도 살 때는 막연하게 전라도를 그리 좋게 보지 않았다. "경상도 차가 전라도 주유소 가면 기름도 안 넣어준다더라"는 애기를 듣고 자랐다. 전라도에 와보니 달랐다. 이곳 사람들은 안도현이 경상도 사람이라고 해서 다른 눈으로 보지 않았다. 그는 "사실 음식 맛에 혀가 더 빨리 정복당해 그런 생각할 겨를도 없었다"고 했다.

그는 1985년 졸업 후 익산, 당시 이리의 사립 중학교에 국어 교사 자리를 잡았다. 교직에 대한 사명감보다는 취업한다는 생각이 앞섰다. 그는 전교조에 가입했다. "강성强性이어서가 아니라 불합리한 교내 구조를 깨고 싶어서"였다.

안도현은 1989년 정부가 요구한 전교조 탈퇴각서를 거부한 1,500명에 들어 해직됐다. 전교조 지회에 출근하다시피 드나들며 '운동가'로 활동했다. 시가 세상을 바꾸는 도구, 변혁 무기여도 좋겠다고 생각했다. '펜은 무기다'라고 찍힌 티셔츠도 입고 다녔다.

그 시절 고정 수입이라야 학교에 남은 교사들이 1만 원씩 모아 나눠주는 한 달 32만 원이 전부였다. 그는 글쓰기 과외도 하고, 방송 원고도 썼다. 아내도 잔일을 해야 했다. 그런 생활이 4년 반이나 이어졌다. 그래도 그는 해직 교사 시절을 "인생에서 가장 뜨거웠던 시간"으로 기억한다. "연탄재 함부로 발로 차지 마라 / 너는 / 누구에게 한번이라도 뜨거운 사람이었느냐." 안도현이라는 이름을 세상에 널리 알린「너에게 묻는다」도 이때 썼다.

그는 1994년 봄 장수 산서고등학교로 복직했다. 초기엔 가족을 익산에 두고 학교 앞에서 자취를 했다. 연탄 때는 슬레이트집에 방을 얻어놓고 마당 수돗가에서 빨래도 하고 쌀도 씻었다. 초등학생 시절 열두 살까지 살던 안동 풍산과 거의 같은 풍경이었다. 20년 만에 고향 같은 곳으로 간 셈이었다.

전교생이 120명쯤 되는 이 시골 학교는 그의 시 인생에서 커다란 전환점이었다. 아이들과 함께 학교 뒤뜰에 호박을 심고 거둬 전을 부쳐 먹었다. 철 따라 마을 여기저기 피는 꽃들은 그의 눈을 세상과 사회에서 자연과 일상으로 이끌었다.

> 산서고등학교 관사 앞에 매화꽃 핀 다음에는
> 산서주조장 돌담에 기대어 산수유꽃 피고
> 산서중학교 뒷산에 조팝나무꽃 핀 다음에는
> 산서우체국 뒤뜰에서는 목련꽃 피고
> 산서초등학교 울타리 너머 개나리꽃 핀 다음에는
> 산서정류소 가는 길가에 자주제비꽃 피고
> ―「3월에서 4월 사이」

그 무렵 안도현에겐 세상의 시들이 재미가 없었다. 1980년대 봇물처럼 터져 나온 민중시들은 이름만 가리면 그 시가 그 시였다. 권력에 억압받던 시절에는 예술성이 없어도 목소리를 내는 것만으로 높이 평가받곤 했다. 그러나 누구나 말할 수 있는 시대에는 말하는 방식도 바뀌어야 한다고 생각했다. 사회주의가 동구에서부터 무너지고, 독재가 쓰러지고, 민주화 바람이 세상을 휩쓸고, 주먹질 삿대질할 대상이 사라져가는 시대에는 시 쓰는 방식도 바꾸어야 했다. 그는 '시대의 안테나로서 시의 역할은 끝났다'고 생각했다.

그러면서 시골 학교 선생 눈에 자연이 들어왔다. 서른다섯이 되도록 애기똥풀도 모르고 살았다는 게 부끄러웠다. 거대 담론에서 작고 일상적인 문제로 눈을 돌렸다. 사물이나 세상 이면에 숨어 있는 비밀을 찾아내 보여주는 사람이 시인이라는 생각을 갖게 됐다.

나 서른다섯 될 때까지
애기똥풀 모르고 살았지요
해마다 어김없이 봄날 돌아올 때마다
그들은 내 얼굴 쳐다보았을 텐데요

코딱지 같이 어여쁜 꽃
다닥다닥 달고 있는 애기똥풀
얼마나 서운했을까요

애기똥풀도 모르는 것이 저기 걸어간다고
저런 것들이 인간의 마을에서 시를 쓴다고
―「애기똥풀」

그는 꽤 오래전부터, 왜 우리에게는 『어린 왕자』처럼 어른들이 읽는

"전라도는 살아보니 슬픈 곳이었다. 전라도 땅과 사람들 마음속에 밴 슬픔을 문학적 자양분으로 삼아도 좋겠다는 생각이 들었다."

동화가 없는지 생각했었다. 세 해 가까운 산서고 시절, 그가 들길 산길 거닐며 길어올린 상념들은 어른을 위한 동화 『연어』를 낳았다. 연어가 모천(母川)을 거슬러가 알을 낳고 죽기까지 한 생애를 그린 우화소설이다.

은빛 연어 한 마리가 강을 오르면서 누나 연어를 잃고, 눈 맑은 연어와 사랑에 빠지고, 폭포를 거슬러 오르며 성장해 간다. 숨지기 직전 산란과 수정을 마치며 슬프고 아름다운 운명을 끝낸다. 안도현은 성장의 고통, 아프고 간절한 사랑을 섬세한 시적 감수성과 따스한 글로 녹여냈다.

> 그리고,
> 초록강에는 겨울이 올 것이다.
> 겨울이 오면 강은 강물이 얼지 않도록 얼음장으로 만든 이불을 덮을 것이다. 강은 그 이불을 겨우내 걷지 않고 연어 알을 제 가슴 속에다 키울 것이다. 가끔 초록강의 푸른 얼음장을 보고 누군가 지나가다가 돌을 던지기도 할 것이고, 그때마다 강은 쩡쩡 소리 내어 울 것이다.
> 봄이 올 때까지는 조심하라고, 가슴 깊은 곳에서 어린 연어가 자라고 있다고.
> ―「연어」일부

『연어』는 '철학동화', '소설 같은 동화, 동화 같은 소설'이라는 찬사와 함께 폭발적 반응을 얻었다. 1996년 발간 첫 해 10만 부를 넘겼고 2007년 1백 쇄, 75만 부를 돌파했다. 안도현은 "도시 학교에서 근무했다면 얻지 못했을 결실들"이라고 했다.

1997년 서른여섯에 안도현은 학교를 그만두고 전업시인으로 나섰다. 복직한 뒤에도 학교사회가 별로 바뀐 게 없다는 게 곤혹스러웠다. 막상 학교 밖에서 품었던 변혁의 꿈이 숨 막히는 공간에 갇힌 듯했다. 교육현장에서 다시 좌절을 맛본 후 어느 날부터 변화를 열망했다. 그는 나이 마흔이 넘으면 살던 틀 속에 계속 안주하고 싶어 결단이 쉽지 않을 것이라고 생각했다.

『연어』의 성공도 결심하는 데 큰 힘이 됐다. 『연어』가 쇄를 거듭하며 해마다 5만 부 넘게 팔리자 '글만 써도 살아갈 수 있겠다'는 자신이 생겼다. 그즈음 시 「우리가 눈발이라면」이 중1 교과서에 실리면서 강연 요청도 잇따랐다. 소외된 이웃을 사랑하며 따뜻한 삶을 살고 싶다는 소망이 담긴 시였다.

우리가 눈발이라면
허공에서 쭈빗쭈빗 흩날리는
진눈깨비는 되지 말자

세상이 바람 불고 춥고 어둡다 해도
사람이 사는 마을
가장 낮은 곳으로
따뜻한 함박눈이 되어 내리자

우리가 눈발이라면

잠 못 든 이의 창문 가에서는

편지가 되고

그이의 깊고 붉은 상처 위에 돋는

새 살이 되자

—「우리가 눈발이라면」

산서고 시절 안도현 가족은 전주로 이사 와 자리를 잡았다. 안도현은 교단을 떠난 뒤 전주 동남쪽 모악산 자락에 작업실을 마련했다. 전주 시내에서 차로 15분, 완주군 구이면 신원마을에 있던 폐가를 손 봤다. 사뭇 험한 산길을 넘어 양지 바른 10여 호 마을 실개천가, 방 둘짜리 작고 나직한 기와집이다.

70년 된 집을 지붕과 토방은 그대로 두고 부엌만 입식으로 고쳤다. 마당엔 하얀 산딸나무꽃이 활짝 피었다. 실은 꽃이 아니라 안에 구슬처럼 생긴 진짜 꽃을 감싼 헛꽃이지만, 이 하얀 포(苞)가 가루받이 벌과 나비들을 불러들인다.

뒤뜰엔 때늦은 금낭화, 돌담 너머엔 개망초꽃. 개천 쪽 야트막한 돌담 밖에는 고추와 유채를 심었다. 문우들이 쳐들어와 통음하고 난 이튿날엔 개천에서 버들치를 잡다가 해장 어죽을 끓여내기도 한다. 그가 심은 장미가 붉은 꽃을 탐스럽게 피워올리며 담을 휘감고 있다.

집 처마엔 딱새 한 쌍이 둥지를 틀고 새끼에게 번갈아 먹이를 물어

나른다. 어미 새가 먹이를 물고 날아들다 마루에 앉아 있는 사람을 보고 쭈뼛거린다. 안도현은 얼른 안방으로 자리를 옮겨 피해준다. 처마 밑에 박쥐가 산 적도 있다고 했다.

처음엔 그가 운전도 못하던 때여서 아내가 그를 태워다 작업실에 떨궈놓곤 했다. 그는 다시 아내가 데리러 올 때까지 하루 종일 뒹굴거리며 책도 읽고 글도 쓰고 객^客도 맞았다. 거의 날마다 그렇게 지내며 여덟 해를 보냈다.

친구들은 안도현에게 '구이구산九耳九山'이라는 당호를 붙여줬다. 작업실이 있는 구이면에서 딴 이름이다. 아홉은 제일 큰 숫자이니 남의 말 잘 들어라는 뜻으로 귀 이耳, 산처럼 많이 쓰라고 뫼 산山을 썼다. 그 당호처럼 안도현은 2004년 가을 우석대 문창과 교수가 되기 전까지 인생에서 가장 왕성하게 글을 써냈다.

그는 "전주란 적당히 외로워할 수 있고 적당히 그리워할 수 있는 곳"이라고 했다. 사람은 살며 외로워서 다른 사람을 만나고 싶거나, 아니면 인간이 너무 많아 안 보고 싶기 마련이다. 전주는 그런 허기를 둘 다 채워주는 곳이다. "전주는 한 시간 거리 안에 바다와 평야와 심산유곡이 다 있습니다. 그야말로 비빔밥처럼 잘 비벼진 도시이지요."

이젠 외진 곳에서도 얼마든지 전업작가, 전업시인으로 살 수 있는 세상이다. 인터넷 덕분이다. 1985년 안도현이 첫 시집을 낼 때만 해도 원고를 정리해 출판사에 우편으로 보냈었다. 그러다 1990년대 중반 일찍감치 컴퓨터와 친해졌다. 그는 지금도 두 손 검지 하나씩만으로 자판을 두드리는 독수리 타법을 구사한다. 제법 속도가 붙어 글쓰기에 불편하지 않다.

인터넷과 이메일을 하면서 어디든 자리잡을 수 있겠지만 그는 "내 체질엔 어중간한 도시가 맞는 것 같더라"고 했다. 외딴 시골보다는 중소도시가 살기에 제일 편하다는 얘기다. 안도현은 "전주는 적당해서 좋다"고 했다.

전주에서 그의 삶은 그리 복잡해 보이지 않는다. 하지만 그는 재작년쯤부터 생활을 좀 정돈해야겠다고 맘먹었다. 앞으로 이런저런 것들을 안 하겠다고 주변에 공언해 의지를 다졌다. 첫째가 "한 해 1백 차례 가까이 하는 외지 강연을 안 하겠다"는 것이다. 거기에다 인터뷰와 방송 출연도 안 하겠다, 칼럼과 남의 책 추천사 안 쓰겠다고 선언했다. 홈페이지를 닫겠다는 얘기는 곧바로 실행했다.

안도현은 휴대전화도 없다. 대화나 집필을 무시로 끊고 끼어드는 게 싫어서 진작부터 없애버리려다 여섯 해 전 잃어버린 김에 안 샀다. 일주일은 불안했다. 그 금단을 이겨내니 무심해졌다. 집 전화, 학교 전화만 쓰니 편리한 것이 불편한 것보다 훨씬 많더라고 했다. "굳이 말하자면 휴대전화 없는 생활도 전주여서 가능한 것"이라고 했다. 그는 만약에 서울서 활동했다면 문인으로서도 지금보다 못했을 것이라고 생각한다.

안도현은 "전주는 나직해서 좋다"고 했다. "높은 건물들이 없고 한옥마을을 비롯해 대부분 집들이 낮아 눈도 마음도 편안하다"고 했다. 도시 복판을 흐르는 시냇물 중에 전주천만큼 맑은 물빛을 간직한 곳도 보지 못했다. 수양버들 드리운 천변에서 키들거리며 연애를 거는 고등학생들처럼 전주는 여전히 맑고 싱싱하다. 안도현은 전주에 사는 것만으로도 충분히 부러움을 살 만하다.

시인 유홍준의 진주
나는 진주에서 기적을 이뤘다

산판에서 통나무 나르고 제지공으로 종이 만들고
정신병원에서 환자 수발까지, 가난하고 힘들어도 나는 시인
진주에서 맞은 새 삶이다

유홍준은 경남 하동에 있는 정신병원 폐쇄병동에서 일한다. 혼자서 남자 환자 117명을 '관리'하는 '관리사'다. 흔히 '보호사'라고도 부른다.

그는 한번 병동에 들어가면 쉽게 나오지 못한다. 언제 무슨 일이 벌어질지 몰라 자리를 뜰 수가 없다. 환자들과 함께 밥도 먹고 같이 지내며 돌본다. 대소변 수발도 하고, 약은 잘 먹었는지 입 안도 확인한다. 비닐봉지나 노끈처럼 위험한 물건을 갖고 있는지도 감시한다. 발작하면 잠시 묶어두기도 해야 한다.

그렇게 3교대로 근무하면서 야근할 때는 밤 9시부터 이튿날 아침 9시까지 밤을 꼬박 지새운다. 벌써 3년 가까이 해온 생업이다. 이렇게 해서 한 달에 쥐는 돈이 120만 원쯤이다.

어떤 시인은 "하느님인지 부처님인지 유홍준에게 인생 공부를 너무 세게 시키신다"고 했다. 그를 가리켜 '정육점의 시인'이라고 한 평론가도 있다. 그 스스로는 "이제 사그러들 만도 한데 내 안에 불이 많다"고 했다. 그는 마흔아홉 되도록 흘러다니며 온갖 거친 일을 했다. 과일 행상, 막노동에 통나무 져 나르는 산판일도 3년이나 했다. 그는 "그래도 백수인 적은 한 번도 없다. 작정하고 산다"고 했다.

진주 어느 찻집에서 만난 그의 팔뚝에 여기저기 생채기가 나 있다. 비번 날이라 아침에 가좌동 집 근처 밭두렁에서 쇠비름을 캐다 긁혔다고 한다. 참비름과 달리 쇠비름은 미끄덩거려서 별 맛이 없지만 어릴 적 생각하며 잘 비벼먹고 나왔다고 했다. 산골에서 자라 어려서부터 나물과 땔감을 하러 다녔기에 그는 지금도 나물 캐기를 취미처럼, 산책하듯 즐긴다. 지리산까지 석이를 따러 가기도 한다. 진주 인근 어디에서 영지가 나는지도 훤히 꿰고 있다고 했다.

유홍준은 진주에서 50킬로미터 떨어진 산청군 생초면 계남리, 버스도 전기도 안 들어오는 산골에서 태어났다. 농사짓던 아버지가 병석에 오래 누워 계시느라 논밭 다 팔고 어렵게 컸다. 시오리 떨어진 면소재지까지 자전거로 통학하면서 툭하면 결석을 했다. 그는 가난과 '가슴속 불'을 못 견뎌 네 차례 가출한 끝에 생초고등학교를 간신히 졸업했다. 공부는 작파했어도 초등학교 때부터 백일장만 나가면 상을 타 왔다.

고등학교 때는 자전거를 논바닥 낟가리에 숨겨두고 함양 읍내나 남원 시내로 나가 시집과 문학지를 사곤 했다. 밤에 시집을 몰래 읽으며 뭔지는 몰라도 시의 아우라, 정기를 느꼈다. 그가 고교 3년 동안 써둔 시며 소설이 대학노트 두 권을 채웠다. 고3 때 국어를 가르치던 담임선생님은 그의 습작을 보시더니 공부는 안 하지만 글은 잘 쓰는 그에게 "차라리 수업시간에 소설을 써라"고 했다.

유홍준은 졸업을 앞두고 먹고살 거리를 찾아 무작정 부산까지 갔다. 꼬박 하루를 걸어 헤매다 범일동 어느 한복집에 '점원 구함'이라고 쓰여 있는 걸 보고 들어갔다. '미미고전한복집' 사람들은 천둥벌거숭이 같은 시골 소년을 식구처럼 맞아줬다. 그는 가게 재단대 위에서 자며 일을 배웠다. 주로 두루마기를 짓는 일이었다.

그는 8만 원쯤 했던 첫 월급을 타서 값싼 바이올린을 샀다. 하지만 혼자서는 소리도 제대로 못 낼 수밖에. 얼마 안 가 바이올린을 팔고 트럼펫을 사서 불어댔다. 그는 군대 가기 전까지 한복집에서 2년 반 바느질을 했다.

그때 배운 바느질로 유홍준은 지금 환자들 옷도 꿰매주고, 집 바느질거리도 챙기고, 시골 어머니 동정도 달아드린다. "내가 우악스럽긴 해도 봄이면 쑥 캐러 가고 싶어 몸이 근질거린다"며 웃었다. 트럼펫과 바느질과 나물 캐기. 누가 유홍준을 가리켜 "들개 같다"고 했는가.

제대한 뒤 한복집으로 돌아가려 했더니 부모님이 "장손이 여자 옷 만져서야 되겠냐"며 싫어하셨다. 그는 삼촌이 고추가게를 하던 서울 용산시장에서 1년 동안 마른 고추를 팔았다. 거기서 아내를 만나 결혼하고는 부산으로 내려갔다. 그는 매형이 하는 작은 기계부품공장에서 쇠 깎는 밀링공으로 일했다.

그러던 어느날 집에서 보온병이 엎질러져 갓난 아들이 왼쪽 팔뚝에 화상을 입는 사고를 당했다. 아들의 연약한 손이 팔 쪽으로 말려 올라갔고 손가락이 서로 붙어버리고 말았다. 아들은 일곱 살 때까지 병원을 드나들며 수술을 받아야 했다.

유홍준은 아이가 끔찍한 일을 당하자 부산에 넌더리가 났다. 대구로 옮겨 가 리어카를 끌고 다니며 과일을 팔았다. 확성기로 호객을 해야 하는데 소리가 나오지 않았다. 그래도 아이 병원비를 대야 한다고 마음을 다져 먹었더니 그제야 목소리가 터졌다.

첫날은 장사가 잘됐다. 다 팔고 집에 가는 길에 아이 세발자전거를 사 들고 갈 정도였다. 열흘쯤 장사를 해보고 나서야 왜 잘 팔리는지 깨달았다. 너무 싸게 판 탓이었다. 채소가게도 꾸려봤지만 손이 너무 후해 남는 게 없었다.

그는 1986년 아내와 아들을 산청 본가에 보내놓고 전 재산 30만 원을 들고 경북 영양으로 갔다. 용산시장에서 고추를 팔 때 안면이 있던 영양 고추상인을 찾아갔다. 농가를 돌며 고추를 사들여 시장에 파는 중간상이었다. 유홍준은 이 오기석이라는 분에게 다짜고짜 일거리를 달라고 했다. 그 분은 "고추를 그냥 줄 테니 요령껏 판 뒤에 고추 값을 갚으라"고 호의를 베풀었다. 고추 한 포대를 받아 들고 읍으로 나가 누구든 붙잡고 팔아보려 했지만 말도 못 붙이고 말았다. 좌판을 벌여도 팔리지 않았다.

"진주는 힘겹게 떠돌던 나를 받아들여 정착시켜준 곳. 진주에 오지 않았다면 문학은 영영 못하고 말았을 것이다. 그리고 진주는 무엇보다 스승 김언희를 만나게 해준 곳이다."

대신 그는 농가에서 거둬들인 고추를 포장해 화물차에 싣는 일을 했다. 가을 고추철에 열심히 일하면 한 포대에 2천 원쯤 받는 벌이가 괜찮았다. 김장철이 끝나 고추 일거리가 없을 땐 양곡과 시멘트 포대 나르기, 농약 치기, 도로공사, 개천 제방공사까지 닥치는 대로 막노동을 했다.

그 중에서도 영양에 머문 3년 동안 사철 꾸준히 일한 곳이 산판이었다. 한 달에 3~4만 원 하는 단칸방에 살며 상차上車 일을 했다. 벌목꾼들이 베어놓은 통나무를 들쳐 메고 비탈을 몇 십 미터씩 달려 내려와 트럭에 싣는 일이었다. 트럭 한 대 분에 2만 원, 하루를 꼬박 일하면 다섯 대를 실었다.

어깨가 터져 짓무르면서 흘러나온 진물에 옷이 달라붙었다. 그는 저녁마다 상처에 소주를 들이부어 옷을 떼어내곤 했다. 나무 얹는 어깨에 굳은 살이 박히고 달걀 하나 들어갈 만큼 파이자 진물은 그쳤다. 그때쯤 '젊은 상차꾼 유씨'는 "영양 최고 산판꾼"으로 불렸다. 까맣게 그을린 몸이 온통 상처투성이가 되고 송진을 뒤집어쓰면서 산적처럼 살았다.

1990년 고향에서 아버지 장례를 치르고 영양으로 돌아가려는데 진주 사는 큰누나가 붙잡았다. 누나가 대신 원서를 넣은 진주 제지회사에 취직이 돼 처음으로 제대로 된 직장생활이 시작됐다. 국내 5대 제지회사의 진주공장이었다. 산판 일을 하다 종이를 만드니 세상에 이리 쉬운 일이 있나 싶었다. 이렇게 일하고 돈 받아도 되는지 미안할 정도였다.

그때까지 유홍준은 돈 버느라 글쓰기와 담을 쌓고 살았다. 1980년대를 시의 시대라고들 했지만 박노해가 누군지도 몰랐다. 오규원, 강은교는 알았지만 그 이후 시인들엔 깜깜했다. 진주에서 맞은 새 삶은 그의 안에 잠자고 있던 문학의 불을 다시 당겼다.

입사 첫 해 구내식당에서 공단문학상 공모 포스터를 봤다. 아무리 펜을 놓고 있었다 해도 장려상쯤은 탈 것 같았다. 서둘러 이틀 만에 단편소설을 써서 퇴고도 없이 보냈더니 덜컥 대상에 당선됐다. 지방 샐러리맨이 서울 출장 갔다가 옛 애인을 만나는 이야기 「출장일기」였다.

이듬해 1991년엔 진주 개천예술제 백일장에도 나가봤다. 이전 수상작들을 봤더니 해볼 만하다는 생각이 들었다. 고등학교 졸업한 뒤 처음 쓴 시로 그는 백일장 장원을 했다. 다음해 개천예술제에 잔일을 거들러 갔는데 몸집 자그마한 여자분이 그를 불렀다. 심사위원이던 시인 김언희였다. 시인은 대뜸 물었다. "시는 좀 쓰고 있나요?" "예." "누구에게 배우나요?" "혼자 씁니다." "지금까지 쓴 시 좀 보여주세요."

김언희에게 그간 써둔 시를 등기로 부친 며칠 뒤 편지가 왔다. 돌아오는 토요일 먹자골목에서 국수를 먹자고 했다. 유홍준이 쓴 시 몇 편에 밑줄을 그어두고는 나올 때 그 부분을 고쳐 오라고 했다. 그의 일생에서 가장 중요한 순간이었다. 그때 등기우편을 보냈던 김언희의 주소를, 그는 지금도 사진으로 찍은 듯 기억하고 있다.

토요일에 만난 김언희는 이렇게 말했다. "군소 문학지로는 지금 당장이라도 등단할 수 있겠다. 진주에서 충분히 대접받을 수도 있다. 골목대장을 하려면 그렇게 하라. 하지만 제대로 시를 쓰고 싶다면 내가 '됐다'고 할 때까지 어디에도 응모하지 않겠다고 약속하라."

그날로 김언희를 스승으로 모시고 혹독한 시 수업을 시작했다. 스승은 시 이론서부터 인문·사회와 과학 책까지 읽어야 할 책 목록을 수시로 건넸다. 영화, 비디오, 화집도 골라줬다. 비슷한 연배의 시 지망생 두 사람과 함께 묶어줘 평가회도 했다.

대학이 어떻게 생긴지도 모르는 유홍준은 주눅부터 들었다. 두 평가회 친구들이 갖고 있는 이론과 기교는 죽었다 깨어나도 못 따라갈 것 같았다. 김언희는 "그런 게 전부가 아니다"고 그를 다독였다. 유홍준과 두 친구는 앞서거니 뒤서거니 등단했다. 그러나 지금까지도 시작詩作을 계속하는 건 그뿐이다.

김언희는 유홍준보다 아홉 살 위다. 어느 평론가가 "김언희 이후 여성 시인은 모두 김언희의 아류"라고 했을 만큼 문단에서 수십 년 동안 독특한 시 세계를 형성해오고 있다. 유홍준은 스승이 "매우 차가운 분, 외부 행사에도 잘 안 나가는 분"이지만 그에게만큼은 다르다고 했다. 언젠가 스승은 시집에 '내 시詩붙이 유홍준에게'라고 써서 건넸다.

형제가 없는 김언희는 그에게 "어머니 돌아가시면 유 선생이 당연히 상주를 해줄 걸로 믿고 있다"고 말하기도 했다. 그 역시 그렇게 하리라 맘먹고 있다. 그는 김언희를 가리켜 "스승이자 누나"라고 했다. 김언희는 초기 유홍준의 시에 대해 어느 인터뷰에서 이렇게 말한 적이 있다. "처음엔 생래적 가락이 너무 세더라. 그 가락의 물기를 빼라고 했다. 점차 가락이 변용돼 차분해지더라."

7년이 지나 1998년 스승은 "이젠 어디든 응모하라"고 했다. 곧바로 처음 응모한 대구 시전문지 〈시와 반시〉에서 신인상을 받으며 등단했다. 2004년 첫 시집 『상가(喪家)에 모인 구두들』을 내자 문단은 "물건이 하나 나왔다"고 반겼다. 시인협회가 주는 제1회 젊은 시인상이 그에게 돌아왔다.

    저녁 상가(喪家)에 구두들이 모인다
    아무리 단정히 벗어놓아도
    문상을 하고 나면 흐트러져 있는 신발들
    젠장, 구두가 구두를
    짓밟는 게 삶이다
    밟히지 않는 건 망자(亡者)의 신발뿐이다
    정리가 되지 않는 상가의 구두들이여
    저건 네 구두고
    저건 네 슬리퍼야
    돼지고기 삶은 마당 가에
    어울리지 않는 화환 몇 개 세워놓고
    봉투 받아라 봉투,
    화투짝처럼 배를 까뒤집는 구두들
    밤 깊어 헐렁한 구두 하나 아무렇게나 꿰 신고

담장 가에 가서 오줌을 누면, 보인다

북천 ^{北天}에 새로 생긴 신발자리 별 몇 개

―「상가에 모인 구두들」

유홍준이 2년 뒤 낸 시집 『나는 웃는다』는 시단의 각광을 받았다. 시 출판사 천년의 시작이 1천만 원을 내걸고 만든 '시작^{詩作}문학상'의 첫 수상작이 됐다. 문인들은 '작가가 선정한 오늘의 시'에서 가장 좋은 시집으로 뽑았다. 열 개 넘는 문예지들이 앞다투어 그의 특집을 실었다. 유홍준은 문단에서 가장 뜨거운 이름이 됐다.

그는 공장 안에선 철저히 공장 일에 몰두했다. '글 쓴다며 겉멋 들었다'는 소리 들을까봐 제지공으로서 최선을 다했다. 열심히 일하고 모아 3년 만에 작은 아파트도 하나 장만했다. 생산부 가공과 C반 반장이 돼 "유 반장이 맞다고 하면 맞는 것"이라는 말을 들을 만큼 신뢰도 얻었다.

제지공장 일이 아무리 산판보다는 편하다 해도 3조 3교대 근무가 끝없이 맞물려 돌아가는 게 보통 일은 아니다. 그러지 않아도 흉터투성이인 두 손과 팔에 커다란 수술자국을 더한 곳도 제지공장이었다. 공장에서 일한 지 7년째 되던 해 롤러를 들어올려 보수작업을 지휘하다 볼트가 끊겼다. 그 바람에 35톤짜리 롤러가 떨어지면서 유홍준의 오른팔을 스쳐 때렸다. 팔목 인대가 끊겨 두 차례나 수술을 받았다. 그 수술 자국이 손목에 지퍼처럼 길게 남아 있다. 다른 수리작업 땐 내리치는 해머에 왼손 엄지손가락을 맞아 거의 뭉개져버리기도 했다.

그는 2007년 회사가 기울면서 구조조정을 당했다. 시인으로 한창 각광받던 때였다. 그는 "문학을 떠나 회사가 나는 구제해줄 거라 믿었다"고 했다. "워낙 열심히 성실히 일했기에 배신당한 기분이었다"고 했다.

유홍준은 글 쓰는 후배의 소개로 경기도 여주 정신병원에 관리사 자리를 얻어 떠났다. 하지만 아내도 진주에서 노인 간병인으로 일하느라 남매를 돌볼 수 없어 두 달 만에 그만두고 진주로 돌아왔다. 이듬해엔 진주시 장애인종합복지관에서 계약직으로 셔틀버스도 몰았다. 그러다 여주 정신병원에서 일했던 인연으로 하동 정신병원에서 근무하게 됐다.

그는 진주가 "힘겹게 떠돌던 나를 받아들여 정착시켜준 곳"이라며 "진주에 오지 않았다면 문학은 영영 못하고 말았을 것"이라고 했다. 그리고 진주는 무엇보다 스승 김언희를 만나게 해준 곳이다.

그는 평생 은인으로 김언희와 영양 고추 상인 오기석, 두 사람을 꼽았다. 고추 상인은 젊은 날 가장 어려운 시기에 그가 먹고살 수 있게 해줬다. 김언희는 그를 시인으로 만들어 시집을 내고 상을 받는 기적을 일궈내줬다. 피붙이 살붙이 하듯 그는 스승이자 인생의 누님 김언희를 '시붙이'라고 불렀다.

정작 고졸 시인 유홍준을 알아주는 곳은 도계(道界) 넘어 차로 한 시간 남짓 가는 전남 순천이다. 그는 순천대 문예창작과에서 시작 한 과목을 맡아 일주일에 하루 강의하러 다닌다.

그는 "공장을 다녔어도, 정신병원에서 일해도, 여전히 돈 못 벌고 비루하게 살아도, 입성이 초라해도 나는 시인"이라고 했다. 그러나 그는 "차마 하기 싫은 말이지만 현실은 돈"이라고 했다.

이 외경스런 삶을 유지하려면 웬만큼 돈이 있어야 한다는 현실에 그는 가끔씩 분노하고 좌절한다. 가난의 고리를 끊을 수 없는 세상에 대한 분노이고, 가난 탓에 그의 시 세계를 넓히지 못한다는 좌절이다.

그는 제지공이던 시절 이런 말을 한 적이 있다. "순백의 고급 아트지를 만들려면 순도 90퍼센트 가성소다를 넣어야 한다. 흔히 양잿물이라고 하는 독극물이다. 좋은 시에도 독극물이 필요하다." 모질기 그지없는 그의 삶이 '시인 유홍준'을 벼려내는 것인지도 모른다.

미황사 주지 금강 스님
나는 해남 미황사 지게스님입니다

땅끝 절과 인연 맺은 지 20여 년
지게 지고 굴착기 부리며 황폐한 신라 고찰을 되살렸다
마을과 지역과 사람들에게 더 가까이 가는 절 되기를……

해남 사람들은 달마達磨가 인도로 돌아가지 않고 땅끝 달마산에 머물고 있다고 믿는다. 두륜산 남쪽 들에 느닷없이 치솟은 달마산, 창처럼 뾰족뾰족 솟구친 암봉들에는 누가 봐도 비범한 기운이 서려 있다. 그 바위들이 1만 부처 같아 고려 때 송나라 사람들이 경배했다는 명산이다.

남도의 금강, 달마산 품에 안긴 절이 미황사다. 1300년 신라 고찰古刹의 너른 마당에 서면 뒤로 달마산이 병풍처럼 둘러치고 앞으로 멀리 진도 바다가 펼쳐진다. 법당에선 은발의 중년 서양 남자가 쉼 없이 108배를 올리고 있다. 독일에서 알음알음 소문을 듣고 깨달음을 찾아 반도 땅끝 절까지 혼자 왔다. 미황사엔 한 해 10만 명이 든다. 내국인과 외국인 5천 명이 묵어가는 템플스테이 명소다.

젊은 학승^{學僧} 금강 스님이 미황사에 처음 온 1989년 절은 거의 버려져 있었다. 한창 땐 스님 3백 명과 암자 열둘을 거느렸던 큰 절의 마당이 측백나무 숲에 뒤덮여 있었다. 전각은 모두 무너지고 사라져 4백 년 된 보물 대웅전과 응진전만 남아 있었다. 그나마 대웅전도 측백이 에워싸는 바람에 햇빛이 안 들어 어둠침침했다. 주지가 병들 만도 했다. 병석에 누워 있던 주지가 떠나버려 절은 석 달이나 비어 있었다. 마을사람들이 교대로 절을 지키고 있었다.

그는 은사 지운 스님을 주지로 모시고 두 해를 꼬박 일했다. 날마다 측백나무를 베어내길 몇 달, 비로소 달마산이 보였다. 무너진 축대를 쌓고, 사라진 전각을 새로 짓기 시작했다. 일주문에서부터 돌과 목재와 먹을 것을 지게로 져 날랐다. 마을사람들은 "지게를 30~40년 진 우리보다 더 잘 진다"며 그를 지게스님이라고 불렀다.

금강은 1991년 서울로 떠나 중앙승가대를 다녔다. 승가대 학보사 편집장과 학생회장을 지낸 그는 1994년 종단개혁에 학인^{學人} 대표로 참가했다. 전국불교운동연합 부의장, 범종단개혁추진위 공동대표를 맡았다. 그러면서 현대에 맞는 불가^{佛家}의 역할을 고민했다. 그는 "수행하는 스님은 많아도 세상 사람과 호흡하고 소통하는 스님과 절은 드물더라"고 했다.

그는 1995년 미얀마 양곤에 있는 마하시선원에 갔다가 충격을 받았다. 부산으로 치면 범어사쯤 되는 큰 절이 국내는 물론 외국인도 누구든 다 받아들여 수행할 수 있게 해주고 있었다. 비용도 받지 않았다. 스승이 정해져 매일 수행을 점검하고 가르침도 내렸다. 그는 '이런 절이 한국에는 왜 없나' 하는 생각이 들었다. 수행법으로 치면 화두(話頭)를 붙잡고 수행하는 우리 간화선(看話禪)이 최고이고, 세계 사람들에게도 잘 통하는 수행법인데……. 그는 스님들만의 수행이 아니라 일반 사람도 쉽게 참선할 수 있게 하는 것이 한국 불교가 갈 길이라는 믿음을 품게 됐다.

1996년 금강은 종단 개혁 일을 다 접고 미황사로 돌아왔다. 주변에서 많이 말렸지만 부족한 산중 공부를 하고 싶었다. 그는 서울서 강의를 해 모은 450만 원으로 포크레인을 샀다. 그리고 1년 반 동안 지게 대신 포크레인을 부리며 전각들을 지었다. 이번엔 지게스님 대신 포크레인스님이 됐다는 말이 서울에까지 들어가자 종단 사람들은 더 이상 그를 기다리지 않았다.

1997년엔 서옹 큰스님의 부름을 받아 백양사에서 큰스님을 모셨다. 스님이 열반 들기까지 시봉(侍奉)하는 일이었다. 조계종 종정을 지낸 서옹 스님은 금강에게 은사의 은사, 노스님이다. 아흔 다 된 서옹 스님은 금강이 몇 년 사이 해오던 생각과 같은 말씀을 했다. 참선수행을 불자(佛子)들만 할 게 아니라 일반으로 넓혀야 한다며 그걸 '참사람 수행운동'이라고 불렀다. "물질과 욕망에 매몰된 세상에서 우리 삶이 큰 위기"라며 "사람들의 정신적 공황을 종교가 벗겨줘야 한다"고 했다.

금강은 그 가르침에 따라 5박6일 일반인 수행프로그램을 연중 진행했다. 적을 땐 열다섯 명, 많을 땐 쉰 명에 이르렀다. IMF 외환위기 직후에는 실직자를 위한 단기 수행프로그램도 고안했다. 그는 "백양사

생활이 스스로를 돌아볼 절호의 기회가 됐다"고 했다.

그러다 전국 25개 본사** 포교국장들이 조계종 포교원에 모인다는 소식을 듣고 서울로 올라갔다. 그 자리에서 "지금이 불교가 세상에 기여할 기회다. 실직자를 위한 단기출가 수행 프로그램을 꾸려보자"고 제안했다. 다들 못하겠다고 손을 내저었다. 수행하는 절에 사람들이 무작정 들이닥치면 감당할 수 없고 절 분위기도 해친다고 반대했다.

1999년 백양사를 떠난 그는 참선 공부를 하며 떠돌다 이듬해 이른 봄 동안거*冬安居*를 마치고 미황사에 들렀다. 미황사는 고향 집 같은 곳이어서 작은 방 한 칸에 짐을 맡겨두고 있었다. 밥 짓는 마을 할머니, 공양주보살이 그를 보더니 대뜸 "축하한다"고 했다. 그도 모르는 사이에 새 주지로 임명돼 있었다. '공부는 물 건너갔구나' 싶었다.

금강은 서옹 스님의 가르침을 미황사에서 실현해보자고 맘먹었다. 세상 사람들의 안식처이자 수행도량으로 만들겠다고 결심했다. 어린이 한문학당부터 시작했다. 교재는 『사자소학』에서 「효행」편만 뽑고 『법구경』, 『명심보감』 구절들도 골라 직접 엮었다. 홈페이지도 만들었다. 방학 때 일곱 밤을 재우며 개인주의, 일등주의, 컴퓨터, 인스턴트 식품에 젖은 아이들 몸과 마음을 뒤집어줬다. 새벽 네 시에 깨워 하루 세 끼를 채식으로 차려줬다. 아이들은 처음 하루 이틀 밤엔 엄마가 보고 싶다며 훌쩍이더니 금세 바뀌었다. 부모보다 아이들이 더 좋아했다.

혜린이라는 아이는 일기에 이렇게 썼다. "엄마, 미황사에서 벌써 5일째입니다. 처음에는 모든 게 낯설고 불편했는데 이제는 적응하고 있

"불교가 사람들에게 더 가까이 갈 길을 찾아야 한다. 그래서 미황사를 산과 자연과 정신문화가 어우러진 한국 불교의 샘물 같은 곳으로 만들고 싶다."

습니다. 산이 너무 아름답습니다. 마치 한 폭의 그림 속에 들어와 사는 것 같아요." 처음엔 주로 해남지역 아이들로 시작했다가 곧 소문이 나 여름과 겨울 방학마다 전국에서 어린이들이 모여들었다.

금강은 2002년 조계종이 월드컵 때 올 외국인을 겨냥해 처음으로 공모한 템플스테이 사찰에도 지원했다. 대개 해인사, 통도사, 범어사, 송광사, 백양사, 화엄사, 대흥사 같은 본사들이 신청했다. 서른세 개 절 중에 미황사가 가장 작은 절이었다. "누가 그 먼 곳, 작은 절까지 가겠느냐"며 접수도 받지 않으려 해서 "이름만 끼워 달라"고 매달렸다. 금강은 한국까지 오는 외국인이라면 서울에서 먼 것이 그리 중요하지 않을 것이라고 생각했다.

그는 큰 절들 사이에 끼여 겨우 지정을 받아냈다. 정작 월드컵이 되자 큰 절들은 외국인 맞을 준비가 안 돼 손님들이 미황사로 몰렸다. 외국 대사들과 외신기자들이 머물며 발우공양을 하고 산사를 호흡했다. 금강은 이듬해 템플스테이를 내국인으로 확대했다.

2005년부터는 가장 성공적인 선(禪)수련 프로그램 '참사람의 향기'를 연중 운영하고 있다. 서옹 스님이 말씀한 '참사람 운동'에서 이름을 따왔다. 프로그램은 휴식에 무게를 뒀다. 새벽과 저녁 예불, 아침 참선, 저녁 차 마시는 시간에만 참석하게 하고 나머지 시간은 알아서 보내도록 했다. 절 주변을 거닐거나 달마산에 오르거나 명상을 하며 스스로를 치유하게 했다. 머무는 기간도 일주일 안에서 자유롭게 정하게 했다.

포교와 문화운동이 어우러진 절 살림이 독특한 자연미와 시골 인심,

수행 체험과 맞아떨어져 큰 인기를 모았다. 미황사 템플스테이엔 해마다 5천 명이 다녀간다. 전국 사찰 중에 두어 번째에 꼽히는 숫자다. 남도의 큰 절들도 2천~3천 명에 그치는 것의 두 배에 이른다. 외국인이 묵고 먹을 수 있도록 시설을 갖춘 절은 선무도 시범을 보이는 경주 골굴사와 미황사밖에 없다.

그는 젊어서부터 세 차례에 걸쳐 미황사에 몸담았다. 해남과 미황사는 그에게 운명이다. 그는 대흥사가 있는 두륜산 자락 삼산면 구림리 용전마을 농가에서 태어났다. 읍내 해남중 다닐 때 아버지를 여의었지만 공부 잘하고 친구 많고 활달하던 보이스카우트 대원이었다. 그러나 친한 친구들이 대도시 고등학교로 진학해버린 뒤 방황하기 시작했다.

금강은 어릴 적 정초가 되면 어머니를 따라 큰 절 대흥사에 올라가 불공을 드렸다. 초파일엔 등도 켰다. 불교가 생소하지 않고 친근하고 익숙했다. 그러다가 해남고 1학년 때 물리 선생님을 통해 접한 불교에 매료됐다. 선생님은 참선법을 가르쳐주고 불교와 선 이야기가 담긴 책도 주셨다. 『육조단경』을 읽고 나서는 가슴 뛰는 감동과 함께 깊이 빠져들었다.

그는 선생님께 스님 한 분을 소개해달라고 부탁했다. 그렇게 해서 대흥사 암자에 혼자 살던 지운 스님을 뵈었다. 훗날 그를 미황사로 이끈 은사 스님이다. 소년은 토요일이면 암자에 가 책도 빌려 보고 거기서 자기도 했다.

겨울방학이 되자 금강은 아예 암자에서 살 생각으로 올라갔다. 스님

따라 지게 지고 나무해서 불도 땠다. 스님이 해주는 좋은 말씀을 들으며 불교 공부를 하다 보니 생각도 자유로워졌다. 집을 답답하게 느끼다 모든 것을 열린 눈으로 바라보는 불교의 지혜에 빠져들었다. 일주일을 암자에 머물렀더니 어머니가 떡과 함께 교과서를 갖고 오셨다.

어머니는 아들이 책을 가까이 하고 있는 모습을 보고 마음이 놓이셨는지 "그래도 학교 공부는 해야지" 하며 교과서를 내밀었다. 금강은 "여기 살랍니다"라고 했다. 어머니는 겨울방학에만 살겠다는 얘기로 알아듣고 그러라고 하셨다. 하지만 그는 출가를 허락받았다고 여겼다.

스님께 말씀 드렸더니 "출가해 스님 되려면 고등학교를 나와야 한다"고 하셨다. 그는 암자에서 학교를 다니겠다고 했다. 바로 그날부터 스님은 금강을 시험하려는 듯 밥을 지으라고 했다. 그는 2년을 새벽에 일어나 스님 밥상 차려 드리고 도시락 싸서 통학했다. 이를테면 행자지만, 머리는 깎지 않고 교복을 입고 다녔다. 하교하면 한밤중에 별을 보며 산사에 올라가곤 했다. 그는 "어린 시절인데도 온통 한곳에 마음을 쏟다 보니 힘들다는 생각도 안 들었다. 즐겁고 행복했다"고 그 시절을 기억했다.

그는 정식 절차를 밟아 스님이 되겠다고 마음먹었다. 큰 스님이 많고 엄하게 가르치는 해인사를 염두에 뒀다. 고등학교 졸업식 이튿날 보따리를 싸서 해인사로 들어갔다. 새벽부터 가야산 꼭대기 마애불 참배를 시작으로 내려오면서 성철 스님 계시던 백련암을 참배하고 대웅전에도 절을 올렸다.

거기서 만난 노스님께 "출가하러 왔습니다"라고 했더니 스님이 그의 손을 덥석 잡으며 말했다. "잘 왔다. 이번 생은 세속 삶 다 버리고 수행자로 평생 살아라"고 하셨다. 눈물이 마구 쏟아졌다. 알고 보니 종정을 지내신 혜암 스님이었다. 그는 행자실로 들어가 정식으로 행자 생활을 시작했다. 그때 세속 나이 열아홉이었다.

금강은 4년 가까운 강원講院 공부 끝에 1988년 스물둘에 비구比丘의 계戒를 받았다. 그렇게 스님이 되고 나니 홀어머니 생각부터 났다. 출가하면 집에 안 간다지만 그는 수행 때 늘 어머니가 마음에 걸렸다. 그는 해남 집으로 가 어머니를 뵙고 절을 올렸다. 홀어머니는 그제야 아들이 돌아오리라는 기대를 접었다.

금강은 "방문객과 마을 주민이 미황사의 두 축軸"이라고 했다. 그래서 "마을이 살아야 절도 산다"고 믿는다. 2003년 절 아래 송지면 서정리 서정분교 학생이 다섯 명밖에 안 남자 폐교를 결정하게 될 공청회가 열렸다. 그는 마을 공동체의 중심인 학교가 없어지면 돌아올 젊은이들도 없어지고 마을도 황폐해진다고 생각했다. 그는 공청회에 나가 "학교를 되살려 보자"고 설득했다.

그는 지니고 있던 서화를 내다 팔고 마을사람들과 함께 모금한 돈으로 중고 버스를 사다 스쿨버스로 운행했다. 학생 유치 학부모 모임도 만들고, 어린이들이 자율 운영하는 도서관도 세웠다. 그 결과 서정분교는 전국에 이름난 모범 시골학교로 자리잡았고 3년 뒤 학생이 60명으로 늘었다. 그 절반이 거꾸로 읍에서 통학한다.

미황사는 2000년 절 중에 처음으로 산사음악회를 시작했다. 요즘에는 유명 가수를 부르는 절 음악회도 많지만 미황사 무대의 주인공은 주민들이다. 10월 하순 절 마당에서 해남 농요를 비롯한 들노래, 강강수월래, 용줄다리기가 펼쳐진다.

목청이 좋아 마을에서 상여소리를 하던 일흔 초반 할아버지도 첫 회부터 무대에 모셨다. 할아버지는 한 달을 연습해 판소리 한 대목을 공연했다. 해마다 소리를 갈고닦아 판소리꾼이 됐고 팬클럽까지 생겼다. 여든을 넘기면서는 목소리가 안 나와 은퇴하고 중학교 선생님이 뒤를 잇고 있다. 이 선생님도 목소리에 물이 올라 수궁가를 완창하는 산사음악회 스타가 됐다. 음악회 음향은 읍내에서 전파사 하던 아저씨가 맡아오고 있다. 이 동네잔치에 전국에서 1천 명 넘는 사람이 찾아든다.

2002년부터는 산사음악회에 앞서 마을사람들이 농사지은 쌀과 과일을 공양물로 올리는 괘불재^{排佛齋}도 열고 있다. 높이 12미터에 폭 5미터, 4백 년 된 대형 불화 〈괘불탱화〉에 한 해 한 차례 햇빛을 쏘이는 행사다. 대웅전에 족자처럼 말아 보관하다 10월 하순이면 마당에 불단을 차려 모신다. 마을 농사 수확뿐 아니라 도시 사람들도 저마다 가꾸어 거둔 삶의 결실을 공양한다. 책, 논문, 그림에 상장, 헌혈증서까지 올린다.

미황사는 2002년부터 해남 출신 고정희 시인을 기리는 문학제에도 자리를 내주고 있다. 아무런 조건 없이 절 문을 열어준다. 그래서 해마다 유월이면 미황사는 1백 명이 넘는 청소년들이 사흘을 머물며 글을 쓰는 문학캠프가 된다.

금강 스님은 유럽에서 불교를 동경해 찾아온 외국인부터, 딸자식 혼사를 걱정하는 동네 아주머니까지 모든 손님들에게 기꺼이 차를 대접한다. 그래서 "미황사 주지 스님은 누가 가든 차를 내주고 이야기를 들어준다"는 소문이 났다. 어떨 땐 하루에 쉰 잔도 넘게 차를 마셔 "손가락을 따면 녹색 물이 떨어질 것"이라고 했다.

그는 절에 오는 사람들을 위한 새로운 프로그램을 고민하고 있다. 절은 1970~80년대에는 관광의 대상이었다가 1990년대엔 문화답사, 2000년대엔 체험 대상으로 발전해왔다. 이제 그는 절이라는 수행공간을 해치지 않고 방문객이 선 수행을 경험할 수 있도록 하는 방법을 궁리한다.

그는 "불교가 사람들에게 더 가까이 갈 길을 찾아야 한다"고 했다. 그래서 미황사를 한국 불교의 보배요 샘물 같은 곳으로 만들고 싶어 한다. 산과 자연과 역사와 정신문화가 어우러져 서양인에게도 감로수 같은 곳이 되고자 한다.

금강 스님은 부처의 '승가(僧伽)' 같은 공동체를 꿈꾼다. "사람들이 삶의 의미를 찾고, 편안해하고, 멀리서 미황사라는 이름만 떠올려도 힘이 솟는 그런 공동체 말입니다." 그 꿈이 막다른 땅끝에서 익어가고 있다.

화가 사석원의 동대문시장
50 평생 드나든 동대문시장, 서울이 따뜻하다

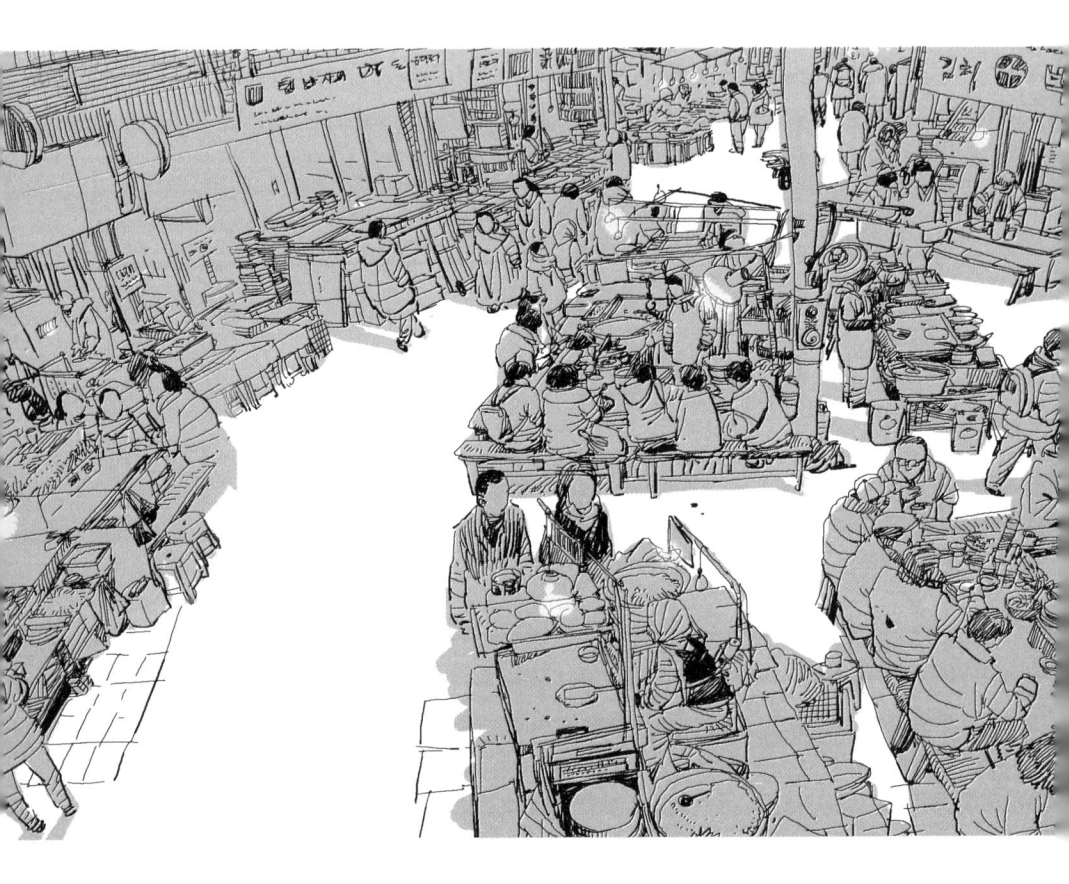

40년 전 어머니 옷감 뜨던 광장시장……
이제는 딸 한복감 뜨러 찾고
광장시장 먹자골목과 대중옥에서 대폿집의 참맛을 누린다
동대문시장은 영원한 내 구역

서울 종로4가 쪽 광장시장 입구를 들어서면 폭이 10미터쯤 되는 통로가 시장을 동서로 길게 꿰뚫는다. 그 길 양쪽으로 잠시 옷가게들이 이어지다 생태찌개집과 대구탕집들이 나타나면서 분위기가 먹자골목으로 바뀐다. 물만 부으면 끓일 수 있도록 찌개 재료를 수북이 담아놓은 냄비들이 보란 듯 가게 앞에 잔뜩 쌓여있다. 건어물가게도 간간이 끼어 있다. 통로 복판에는 주전부리와 안주를 파는 좌판이 펼쳐져있다. 광장시장 먹자골목이다.

맨 앞쪽에 '회 원조집' 좌판을 지키고 앉은 할머니에게 사석원이 인사를 건넨다. "안녕하세요. 건강하시지요?" 할머니도 환한 미소로 사석원을 반긴다. 할머니는 먹자골목에서 40년 넘게 생선회를 팔며 '선

'임하사'라는 별명을 얻었다. 문어, 참치, 고등어, 붕장어를 푸지게 썰어낸 모듬회가 일인분에 1만 원이다. 조금 더 걸어 들어가면 3백 여 개 좌판이 동서와 남북으로 교차하는 먹자골목 복판에 죽집이 있다. 40여 년 전 사석원의 어머니가 좋아했던 호박죽, 팥죽을 그 맛 그대로 판다.

거기서 북쪽 종로 방향으로 난 전*과 빈대떡 파는 '전' 골목의 첫 집 '오순네'에 사석원과 함께 자리를 잡았다. 주인 오순 씨 얼굴이 반가움에 금세 편다. 따끈한 모듬전과 막걸리 한 통을 알아서 차려낸다. 간전, 고추전, 생선전, 호박전, 산적, 동그랑땡, 빈대떡까지 갖은 전과 부침개를 먹기 좋게 잘라 담은 한 접시가 5천 원이다. 밤늦게 찾아온 단골들에게 알루미늄포일 위에 끓여주는 라면이 또 별미라고 한다.

오순 씨는 전북 부안에서 올라와 벌써 30년째 전집을 하고 있다. 2남 8녀 중에 다섯째여서 '오순이'란다. 서너 가게 건너뛰어 '사순네'는 바로 위 언니 사순 씨가 꾸리는 좌판이다. 이순이 언니는 얼마 전까지 시장 앞 종로에서 단란주점을 했으니 세 자매에게 광장시장은 한평생 터전인 셈이다.

먹자골목 복판에서 종로5가 쪽으로는 머릿고기와 순대를 파는 집들이 늘어서 있다. 사석원은 싸고 푸짐하고 잡냄새 안 나는 머릿고기를 어릴 적 어머니 손 잡고 왔을 때부터 먹었다. 이곳 '기철이 엄마네'는 열여덟 살부터 40년을 장사해온 최고참 사장님이다. 아들 기철 씨가 서른다섯인데도 장가를 못 가 걱정이다. 함경도 아바이 순대를 파는 '할머니집'은 할머니가 돌아가신 뒤 며느리가 대를 잇고 있다. 며느리와 아들이 다 명문대 출신이라, 결혼할 때 시장 안이 떠들썩했단다. 사석원은 이런 좌판과 주인네 내력을 시시콜콜 좍 꿰고 있다.

그는 한번 광장시장에 나오면 전집과 횟집, 머릿고기집까지 세 군데는 기본으로 들른다. 안주 하나에 3천~5천 원, 이곳에선 비싼 축에 드는 회도 1만~2만 원이다. 셋이서 배불리 먹고 거나하게 마셔도 5만 원이 채 안 든다. 주로 막걸리를 마시지만 나중엔 배가 불러 소주로 바꿔 탄다. 저녁 8시쯤이면 악사들이 나온다. 술자리 곁에 서서 색소폰이나 기타를 연주해 흥을 돋워준다. 주당들은 악사에게 팁 2천 원을 건네며 한껏 기분을 낸다.

사석원은 "먹자골목에 앉아 있으면 그대로 흥겨운 축제"라고 했다. "저절로 가슴이 뛴다"고 했다. 그는 광장시장 42년 단골이자 영원한 '동대문 키드'다.

사석원의 집안은 5백 년 전부터 대대로 동대문 밖에 터 잡고 살아온 서울 토박이다. 그도 1960년 신당동 중앙시장 부근에서 태어났다. 집안 어른이신 할아버지는 동대문시장 아래 청계천에서 염색공장을 했다. 군용 천막에 드럼통을 개조한 염색기계를 들여놓고 낡은 군복에 물을 들여 민간인 옷으로 만들었다. 제약회사에 원료도 납품하고 집도 지어 팔던 사업가였다.

할아버지는 6·25 후 처가까지 마흔이 넘는 대식구를 건사했다. 하얀 타일을 바른 4층 집은 그 시절 성동구에서 제일 큰 집이었다. 집 근처 중앙시장은 세월이 갈수록 쪼그라들었지만 그때만 해도 꽤 큰 시장이었다. 철공소도 많았고 문짝이나 주방용품 만드는 공장도 많았다. 간장공장, 단무지공장에다 동대문 상인과 손님을 상대로 장사하는 밥집도 북적였다. 장손인 사석원은 어른들을 따라 중앙시장부터 청계천시장, 광장시장까지 이어지는 '동대문시장 벨트'로 마실을 다녔다. 동대문부터 마포까지 전차가 다니던 시절이었다.

그가 광희초등학교에 들어갔을 무렵 할아버지 사업이 기울기 시작했다. 오로지 할아버지만 벌었기에 대가족을 감당하기가 갈수록 버거웠다. 어머니가 사법시험 공부를 하던 아버지 대신 벌이에 나섰다. 어머니는 동대문시장 양재학원에서 디자인과 재단을 배워 서대문 홍제동에 양장점을 냈다. 식구가 많이 줄긴 했어도 적지 않았던 대가족을 어머니 혼자 책임져야 했다.

사석원은 옷감 뜨러 다니는 어머니를 따라 광장시장을 드나들었다. 2층 옷감가게들을 돌다 보면 새 옷감 냄새에 코와 눈이 매워 눈물을 흘리기 일쑤였다. 그래도 어머니와 함께 1층 먹자골목에서 순대며 떡볶이, 머릿고기 사먹는 게 큰 즐거움이었다.

사석원은 일곱 살이 돼서야 말문이 트였을 만큼 늦됐다. 말을 잘 못해 친구도 없었다. 밤늦도록 옷본을 그리는 어머니 곁에서 그림 그리는 게 일이었다. 그에게 그림은 놀이이자, 세상과 소통하는 수단이었다. 달력 그림을 크레용으로 열심히 베껴 그리기도 했다. 나중에 알고 보니 반 고흐의 풍경화였다.

화가 사석원은 고흐처럼 팔레트 없이 화폭에서 튜브째 짜낸 물감으로 원초적 색감과 두터운 질감을 구사하기를 즐긴다. 그 출발점이 어린 시절 크레용 그림이었다. 사석원은 "어린 눈에도 어머니가 옷 그림을 참 잘 그리셨다. 그 솜씨가 내 그림의 핏줄"이라고 했다.

그는 공부가 싫어 초등학교 내내 숙제를 한 번도 안 했다. 선생님에게 맞은 따귀만 수백 대는 될 것이라고 했다. 그래도 어머니는 꾸중 한 번 하지 않으셨다. 대신 이따금 완곡하게 타이르는 편지를 써서 아들의 책상에 놓아두시곤 했다. 그는 "어머니는 내게 등대 같은 존재였다"고 했다.

면목초등학교 6학년 때는 다섯 살 위 고모가 동네에서 피아노 레슨을 받던 집에 따라갔다가 『플랜더스의 개』를 읽었다. 그 동화책 속 그림에 마음을 빼앗겼다. 루벤스의 성당 벽화였다. 어린 마음에도 감동을 받아 화가가 되고 싶다는 생각을 하게 됐다.

사석원은 고등학교에 들어가서야 그림 공부를 시작했다. 대광고 1학년 때 아버지가 그림을 그려보라고 권유해 광화문 미술학원에 다녔다. 아버지는 어려서 물리나 화학을 공부하고 싶었다고 하셨다. 그러나 할아버지의 기대와 집안 분위기에 밀려 법학을 전공했다. 그랬기에 아버지는 장손에게 선뜻 그림을 권하셨을 것이다. 아버지는 낭만적인 예술애호가였고 낙천적인 애주가였으며 영혼이 자유로운 분이었다. 아버지는 결국 고시공부를 접고 어머니와 함께 종로3가에서 상패가게를 꾸렸다.

그는 늦게 미술을 배운 탓에 그림이 거칠었다. 서울대 미대에 두 번이나 떨어져 후기로 동국대에 들어갔다. 그는 초등학교는 물론 면목

중, 대광고에 이어 동국대까지 동대문을 떠나지 않았다. 대학 시절 집 형편이 더 나빠져 서울 북쪽 벽제로 이사 갔을 때도 그는 이 동네에 남았다. 미술학원에서 아이들을 가르치는 아르바이트를 하며 장안평에 아홉 평 월세 아파트를 얻어 그림을 그렸다.

그는 철들어 아버지께 술을 배웠다. 고등학교를 졸업하자 아버지가 종로3가 가게 뒤 일식집으로 그를 데려갔다. 아버지는 주도(酒道)를 수련해야 된다며 연신 술잔을 권했다. 나중엔 오히려 아버지가 대취, 만취했다. 그는 술 잘 마시는 게 집안 내력이라고 했다. 지금도 가족이 모이면 소주를 상자째 쌓아놓고 마신다. 한 사람이 서너 병은 거뜬하다.

사석원은 동국대에 들어간 뒤로 다시 광장시장 먹자골목을 드나들었다. 학교에서 가까웠고 그 어디보다 싸게 술을 마실 수 있는 곳이었기 때문이다. 대학을 졸업한 1984년 대한민국 미술대전 동양화부문 대상을 받은 작품도 동네 포장마차, 안주 굽는 아주머니를 수묵담채로 담은 그림이었다. 그는 상금 5백만 원으로 프랑스 유학을 떠났다가 2년 만에 돌아왔다. 어머니가 갈수록 편찮았고 집에 빚도 많이 쌓였기 때문이었다.

그는 입시 고액과외 선생으로 나서 1년 만에 집안 빚을 다 껐다. 그러곤 다시 그림에 매달렸다. 당연히 생활이 어려워졌다. 그는 1988년 무작정 인사동 가나아트갤러리를 찾아갔다. 샘플 작품, 포트폴리오를 싣고 되돌아올 용달비 1만5천 원이 없어서 '퇴짜 맞으면 버리고 오겠다'고 맘먹었다. 뜻밖에 가나아트는 그의 작품을 모두 사줬고 그와 전

"광장시장 먹자골목에 앉아 있으면 그대로 흥겨운 축제가 된다. 저절로 가슴이 뛴다. 나는 영원한 '동대문 키드'다."

속작가 계약까지 맺었다. 구름 위를 걷는다는 게 이런 거구나 싶었다. 전업작가의 길이 시작됐다.

첫 전시를 석 달 앞둔 1989년 봄, 쉰세 살이던 어머니가 고혈압으로 쓰러져 떠나셨다. 남의 옷을 그리도 많이 지었으면서 정작 어머니 옷장엔 변변한 옷 한 벌이 없었다. 수첩에 남기신 일기엔 말없던 그 분의 고단한 삶과 굴곡진 희로애락이 숨김없이 담겨 있었다. 어머니가 하늘에서 살펴주셨는지 그는 개인전 첫날 작품이 모두 팔리는 행운도 얻었다.

사석원은 지난 5년 아내와 함께 광장시장 2층을 드나든다. 무형문화재 구혜자 침선장針線匠으로부터 한복을 배우는 고교생 딸을 위해 옷감을 뜨러 온다. 40년이 흘렀어도 광장시장은 그대로다. 어머니가 뜨던 양장 옷감이 딸 아이 한복감으로, 펄럭이던 천막 천장이 비바람을 막아주는 아크릴로 바뀌었을 뿐이다.

그는 대포 한잔하러 광장시장에 왔을 때도 꼭 뭔가를 사들고 돌아간다. 그 옛날 할아버지가 퇴근길 마장동 축산시장에서 먹을거리를 사오시던 것처럼. 할아버지는 새끼 소 송치, 새끼 돼지 애저, 허드렛살 수그레까지…… 늘 장을 봐 오셨다. 이제 손자는 광장시장에서 중독될 만큼 맛있다는 '마약 김밥' 몇 줄, 전과 머릿고기 몇 점, 그리고 건어물가게에 들러 딸이 좋아하는 보리 굴비를 산다. 광장시장은 이름처럼 참 많은 것을 품고 있다. "동대문 빼고 다 판다"는 동대문시장의 서쪽 입구답다.

사석원은 광장시장 먹자골목에서 대폿집의 참맛을 누린다. "긴 나무

의자에 끼어 앉아 너 나 없이, 자리 경계도 없이 어깨 부비며 먹다 보면 자연스럽게 말 섞고 어울리는 게 바로 옛 대폿집 분위기"라고 했다. "거기에 가면 마음이 편안해지고 너그러워지는 것도 대폿집의 핵심"이라고 했다. 그는 대폿집을 숭배하고 예찬한다.

  술과 여행을 좋아하는 그는 2000년대 초반 대폿집들을 찾아 전국을 돌았다. 사람 사는 정은 다 사라지고 그나마 남아있는 곳이 대폿집이었다. 시간 날 때마다 물어물어 골목골목 찾아들었다. 여수 공화동 허름한 주택가에서 65년을 지나온 '말집'에 들러 1,500원 하는 막걸리 한 통 시켰더니 주모가 돼지껍데기를 무한정 잘라줬다. 예천 낙동강 마지막 나루터 '삼강 주막'에선 사라져가는 모든 것들을 아쉬워하며 상념에 빠졌다. 순천에서 절절한 소리로 창을 하는 주모를 대했을 땐 전율하지 않을 수 없었다.

  대폿집에선 손님 사이 경계도 없지만 주인과 손님, 식당과 술집의 경계도 없다. 한잔 거나하게 마시면 노랫가락으로 모두가 하나 되니 술집과 무대의 경계도 없다. 사석원은 드물게 음식 맛, 주모 마음씨, 손님 입담까지 삼박자가 잘 맞아떨어지는 곳을 만나면 술자리에서 글을 썼다. 정말 놓칠 수 없는 풍경을 잡았을 땐 스케치를 했다. 너무 취해 옆 자리 손님에게 기록을 부탁한 일도 있다. 막걸리처럼 정이 폭 익어가는 대폿집은 그의 삶에 활기를, 그의 창작에 자극을 줬다.

  사석원이 동대문시장 일대에서 또 하나 자주 가는 대폿집이 청계천 9가 뒷골목 '대중옥'이다. 왕십리 뉴타운 재개발구역, 불도저로 밀어놓은 5만 평 공터 옆에 붙듯 남아있는 해장국, 설렁탕 집이다. 그가 나고 자랐던 신당동 집 근처 중앙시장도 일부가 이 재개발지역에 포함돼 더 줄어들었다.

대중옥은 시멘트 물로 범벅인 잿빛 공사장 가림막 곁에 슬레이트 지붕을 얹은 50년 누옥(陋屋)으로 서 있다. 칠순 노신사부터 트럭 몰다 들른 젊은 운전기사까지 탁자 넷 놓인 홀에서 고릿한 원초적 선짓국에 탁배기 한 잔을 곁들인다. 홀과 한 공간인 주방 부뚜막에 놓인 수십 년 된 커다란 무쇠 솥에선 스물네 시간 사골과 잡뼈, 우거지와 선지가 끓는다. 대중옥은 삶에 지친 도시 사람들의 밥집이자 술집이다. 그는 대중옥을 가리켜 "현대판 주막"이라 했다.

그가 사라져가는 전국 대폿집을 순례하고 쓴 기행문집 『막걸리 연가』에도 광장시장 먹자골목과 대중옥이 등장한다. 그는 이 책 출판기념회를 2010년 말 대중옥 안채 큰방에서 열었다. 술친구부터 소리꾼까지 서른 명이 모여 창도 불러가며 머릿고기에 막걸리를 기울였다. 그는 대중옥 차림표를 휴대전화 바탕화면으로 해놓았다. 전화기를 열 때마다 입맛을 다신다. 대중옥은 마지막까지 버티다 2011년 여름 헐리고 마장동으로 옮겨갈 것이다. 이름과 음식 맛은 그대로겠지만 그 남루하면서도 아련한 분위기는 영영 되찾을 수 없을 것이다.

흔히 서울 사람들은 고향이 없다고 하지만 그에게 동대문시장은 몸과 마음의 고향이다. 그 언저리에서 나고 자라 대학까지 다녔다. 동네 포장마차를 그려 화가로 섰다. 중앙시장은 그가 자라며 놀던 곳이었다. 황학시장은 그림 소재를 구하러 드나들었다. 이젠 광장시장에서 딸을 위해 한복감과 굴비를 사 간다. 그는 "세상에 이런 인연이 어디 있느냐"며 스스로 감탄한다.

사석원은 "서울이 좋고 동대문시장이 좋다"고 했다. "다른 화가들은 한가한 전원을 찾지만 나는 북적대는 시장통 서울이 좋다"고 했다. 전생에 장돌뱅이였는지 시장에 가면 편안하고 너그러워진다. 그냥 구경하는 것만으로도 행복하다.

그는 긴하게 대접할 사람이 있으면 광장시장 오순네로 모셔 간다. 나이 지긋한 분도, 내로라 하는 사업가도, 근엄한 교수님도, 화랑 대표도 모두 예외 없이 좋아한다. 광장시장은 그가 가장 자신 있게 손님을 모셔갈 수 있는 곳이다. 그는 "동대문시장이야말로 진정한 내 구역"이라고 했다.

사석원은 어려서 여름방학 때마다 포천 외할머니 집에 갔다. 거기서 막걸리 심부름을 하면서 주전자 부리로 술맛을 처음 봤다. 그의 말을 빌리자면 '초음初飮의 추억'이다. 지천명을 넘긴 지금 술 실력은 현저히 줄었어도 술자리를 마다하는 일은 없다. 그는 "술자리 친구나 집에서 기다리는 아내나 한결같이 내 술버릇이 나쁘지 않다고 하니 헛살지 않았다"고 말한다. 사석원은 중3 아들이 어서 커서 광장시장 오순네 데려가 막걸리 한 잔 건넬 날을 기다린다.

소설가 문순태의 담양
나를 키운 건 9할이 무등산

일흔 평생 무등을 치어다보며 그 높은 정신을 호흡한다

55년 만에 돌아온 담양

생오지 맑은 햇살 속에 안겨 자연과 인생을 다시 본다

어린 문순태는 마을 서쪽 무등^{無等}을 보며 자랐다. 늘 산 너머 큰 도시 광주를 꿈꿨다. 그 꿈대로 광주에 나가 쉰 몇 해를 살면서는 다시 해 뜨는 무등산 너머 고향을 그렸다. 그리고 이제 고향에 돌아와 아버지 등짝 같은 무등의 갈맷빛 등성이를 치어다본다. 광주에서는 무등산에서 떠오르는 해를 봤고, 지금은 무등산으로 지는 해를 본다. 그는 "무등 바라보기, 무등 안고 돌기가 내 삶의 행로"라고 말한다.

가을빛 내려앉은 광주호변을 따라가다 소쇄원 거쳐 유둔재를 넘어간 담양군 남면 만월리. 마을 깊숙한 안쪽 무등산 발치에 그의 집필실이자 문학 사랑방이 있다. 지붕도 벽도 하얀 집에 '생오지'라는 이름을 붙였다. 어렸을 적 신작로도 없던 이 마을의 이름이다. 소쿠리처럼 산에 둘러싸여 외진 마을을 사람들은 '쌩' 오지라고 불렀다.

생오지는 아직도 버스가 안 들어오고 눈 오면 길이 막히고 휴대전화도 잘 안 터진다. 삼복더위에도 이불을 덮고 자야 할 만큼 골이 깊다. 문순태는 "물도 공기도 인심도 햇살처럼 맑고 시처럼 아름다운 곳"이라고 했다. 그는 새벽마다 무등산 자락을 거닐고, 오전엔 글을 쓰고, 오후엔 텃밭 가꾸고 문학도들을 가르친다.

문순태는 생오지에서 남쪽으로 조금 더 내려가 무등산과 백아산 사이 남면 구산리에서 태어났다. 논 열댓 마지기를 짓던 중농(中農) 집 10대 종손이었다. 마을 앞엔 4백 년 된 느티나무가 도인처럼 서 있었다. 느티나무 푸른 그늘을 따라 징검다리를 건너면 각씨샘이 있었다. 정신없이 뛰어 놀다 허기지면 배가 쿨렁거리도록 샘물을 퍼 마셨다. 각씨샘 머리맡에는 물레방아가 철철 소리를 내며 돌았다. 그는 "어떤 가뭄에도 마르지 않은 각씨 샘물로 내 어린 시절은 결코 배고프지 않았다"고 했다.

그는 4킬로미터, 곧 십리 떨어진 남면초등학교 인암분교로 매일 걸어서 통학했다. 오후 2시, 학교가 파해 집에 오는 길은 자연과 함께하는 길이었다. 꽃이란 꽃은 죄 따먹고, 여름에는 냇물에 멱을 감았다. 지치도록 해찰하고 집에 오면 날이 컴컴해지곤 했다. 그때 보고 느낀 마을 풍경과 하굣길의 자연은 두고두고 문순태 소설의 자양분이 됐다. 그 세세한 공간들은 거의 모든 작품의 무대로 등장했다.

6·25는 그런 고향을 고난의 땅으로 만들어버렸다. 초등학교 5학년

이던 1951년 군경은 마을 동쪽 백아산에 인민군 도당(道黨) 총사령부를 차린 빨치산을 토벌한다며 마을사람들을 화순으로 이주시켰다. 빨치산들이 숨어 살지 못하게 집도 모두 불태워버렸다. 아버지는 10대가 터 잡은 마을을 떠날 수 없다며 논바닥에 토굴을 파고 살았다. 굴 천장으로 뱀이 기어 다녔다.

아버지는 가족 먹일 식량을 대느라 논을 조금씩 팔았다. 결국 집도 논도 잃은 아버지는 신안 비금도까지 가 염전에서 일했다. 어머니는 잡화를 이고 다니며 도부장사를 했다. 남도 땅을 떠돌던 가족은 아버지가 고향으로 돌아와 세 마지기 농사를 지으면서 겨우 정착했다.

공부를 잘했던 문순태는 학비를 면제받는 특대생으로 광주 동성중에 들어갔다. 아버지는 상고 진학을 원했지만 그는 인문계 고교에 가고 싶어 광주고에 원서를 냈다. 아들이 명문고에 붙자 힘이 난 아버지는 가족을 이끌고 광주로 입성했다. 모두가 어려운 시절이었던 데다 가진 것 없던 가족은 천변에 판잣집을 짓고 살았다. 아버지는 성냥공장도 다니고 좌판도 벌였다.

그는 광주고 1학년 때 친구 셋이 사는 자취방에 끼여 산 적도 있다. 친구들 밥을 해주는 조건이었다. 제재소에서 채 덜 마른 톱밥을 훔쳐다 풍로 돌려 밥을 짓느라 눈물범벅이 되곤 했다. 이 이야기를 교지에 써냈다가 국어선생님 눈에 띄어 문예반에 들어갔다.

2학년 때는 선배 집에 갔다가 세계문학전집에 들어있던 존 스타인벡의 『분노의 포도』를 빌려다 읽었다. 소설이라고는 『삼국지』쯤을 읽은 게 전부였던 그에게 이 소설은 충격이었다. 사실적이고 토속적인 고향 묘사에 끈끈한 휴머니즘이 배어 있었다. 그는 아버지에게 세계문학전집을 사 달라고 떼를 썼다. 그러면 아버지가 원하는 의대에 가겠다고 했다. 그렇게 아버지가 사준 서른 권짜리 을유문화사 문학전집을 독파하면서 오히려 문학에 대한 꿈을 굳혔다.

그는 조선대 교수였던 김현승 시인을 찾아다니며 시를 배웠다. 김현승은 형편이 어려운 문순태에게 가정교사 자리도 주선해줬다. 문순태는 고3 때 가명으로 쓴 소설로 지방지 신춘문예에 당선했다. 전남매일 전신 농촌중보였다. 그때 수필부문에도 까까머리 고3 당선자가 있었다. 장흥고 다니던 한승원이었다. 두 사람은 그렇게 만나 평생 문우가 됐다.

문순태의 아버지는 아들이 의대에 가서 집안을 일으켜주기를 원했다. 그의 집안이 대대로 살아온 구산리 고향 마을은 남평 문씨 집성촌이었다. 사회주의자도 많이 나왔고 빨치산으로 입산도 많이 해서 해방 후 6·25를 거치며 망한 집이 많았다. 일흔 가구에 이르던 마을이 지금은 한 집만 남았을 정도다. 그래서 아버지는 더욱 아들에 거는 기대가 컸다. 하지만 그는 의대 입시에 낙방하고 전남대 철학과에 들어갔다.

전남대에 다니던 그는 시 스승 김현승이 서울 숭실대로 옮겨가자 김현승을 따라가 숭실대에 편입했다. 거기서 학보사 기자도 하면서 시를 썼다. 그러나 아버지가 돌아가시면서 1년 만에 전남대로 돌아왔다. 독어에 능했던 그는 1965년 대학을 졸업한 뒤 조선대학교 부속고등학교에서 독일어 교사로 교편을 잡았다. 그 해 김현승이 문순태의 시를 〈현대문학〉에 추천해 시인으로 먼저 등단했다.

이듬해 그는 전남매일신문에 들어갔다. 걸핏하면 공무원들에게 시달리는 고향 사람들을 도울 수 있겠다는 막연한 정의감이 있었다. 기자가 되면 글도 실컷 쓸 수 있겠거니 했다. 그래서 시간이 많이 날 것 같은 편집부 기자를 지망했다. 그러나 정작 기자생활에 쫓겨 문학과는 담을 쌓아야 했다. 기자로서 글쓰는 재미에 푹 빠진 탓도 있었다.

1968년 기자 3년차에 그는 〈남도의 빛〉이라는 한 면짜리 주간 연재 기사를 시작했다. 전라남도 여러 곳을 돌아다니며 숨은 유적과 전통놀이를 발굴하는 시리즈였다. 카메라를 메고 진도에서 한 시간 넘게 배를 타고 조도까지 들어가기도 했다. 3년 넘게 이어진 연재는 그에게 신문협회가 주는 제4회 '한국신문상'을 안겼다. 시리즈 취재를 하면서 깊숙이 들여다본 남도 문화는 향토색 짙은 그의 소설세계에 큰 영향을 끼쳤다.

그는 편집을 잘한다고 서울까지 소문이 나면서 한국일보에 스카우트돼 인사발령 방(榜)까지 붙은 일도 있었다. 회사가 붙잡아 주저앉기는 했지만. 그러는 사이 광주에서 국어 교사로 일하던 문학친구 한승원은 만날 때마다 "왜 소설을 쓰지 않느냐"고 채근했다. 문순태는 1974년 한승원의 권유로 한국문학에 기고한 「백제의 미소」가 신인상에 당선되면서 서른셋에 늦깎이 소설가가 됐다.

이때부터 그는 신문사 근처 학생회관에 방을 얻어놓고 퇴근 후 시간을 소설 쓰기에 쏟아부었다. 신문사에서 가장 바쁜 자리인 편집부장, 사회부장, 정치부장을 두루 거치면서도 창작의 펜을 놓지 않았다. 그러던 1979년 편집국 부국장으로 일하면서 쓴 것이 연작소설 『징소리』다.

문순태는 여러 글짓기대회에 심사위원으로 불려 다녔다. 어느 날 저축작문을 심사하다 어린 학생의 글에 눈길이 꽂혔다. 저금통장을 갖고 싶어하는 아이의 투정에 아버지가 벽에 걸린 징을 고물상에 팔아 돈을 만들어준다는 얘기였다. 아버지의 고향은 수몰된 장성댐이었다. 징은 마을 대대로 물려 내려온 물건이었고, 아버지는 마을에서 이름난 징채잡이였다.

그는 소년의 짧은 글에서 가슴을 치는 징소리의 울림을 들었다. 그날부터 수도 없이 장성행 버스에 몸을 실었다. 그때 보트를 타고 장성호를 한바퀴 둘러봤던 기억을 그는 평생 잊지 못한다. 호수 한복판 물속에는 마을 앞 팽나무며 좁고 구불구불 휘어지는 고샅길 두껍다리, 우물, 돌담, 불에 그을린 감나무와 굴뚝이며 장독대까지도 그대로 잠들어 있었다. 그는 "물속으로 시선을 두고 있는 사이 물속 마을에 아직도 사람이 살고 있는 듯한 착각이 들었다"고 했다. 낮닭 우는 소리나 송아지 울음소리도 환청으로 들려왔다.

그는 장성댐 아래 가라앉은 북상면 마을 덕재를 방울재로 이름을 바꾸고 무대로 삼아 소설을 써내려갔다. 주인공은 허칠복. 이 방울재 징채잡이는 마을이 수장되면서 갖고 나온 징에 방울재 사람들의 혼이 들어 있다고 믿는다. 징을 목숨처럼 소중히 여기며 잠잘 때도 베고 잔다.

문순태는 방울재 수몰민들이 도시 밑바닥에 모래처럼 흩어져 가라

"나를 소설가로 키운 것은 무등산 자락 고향의 청정한 댓바람 소리와 물레방아 돌아가는 소리, 그 골짜기를 짜글짜글 뒤흔든 6·25의 총소리."

앉아 빈민으로 전락해가는 과정을 그렸다. 고향 상실의 한恨, 복수가 아닌 의지와 생명력의 한을 담아냈다. 1980년 출간된 『징소리』는 평론가들의 호평을 받으며 그 해 가장 각광받는 소설이 됐다. 그에게 원고 청탁이 쏟아졌다.

그 무렵 광주민주화운동이 닥쳤다. 1980년 5월 27일 계엄군이 진주하면서 신문을 만들라는 지시가 떨어졌다. 그는 신문 제작을 거부하고 한승원의 집으로 피했다. 그러자 "더 이상 신문을 내지 않으면 폐간하겠다"는 위협까지 들려왔다. 별 수 없이 출근해 신문 1면에 도청 앞 분수대 사진과 함께 김준태의 비장한 시를 실어 내보냈다. 얼마 안 가 그는 해직됐다.

그 후 5년 전업작가 시절은 가장 행복한 시기였다. 뒤늦게 문학열이 폭발해 봇물 터지듯 한 해 네댓 편씩 발표했다. 그는 스스로 "80년대 초 중반 가장 많은 작품을 발표한 문인이었다"고 했다. 대표작 『타오르는 강』도 그때 썼다.

문순태는 1970년대 초 나주의 한 종갓집을 취재하다 그 댁 할머니로부터 옛 노비들 얘기를 들었다. 구한말 노비 세습제가 폐지돼 종 문서를 나눠주자 종들이 울면서 안 가려고 떼를 써서 난리가 벌어졌다는 얘기였다. 그는 자유를 모르고 살았던 사람들에게 자유를 안겨줘도 세상 살아갈 방법을 모르면 아무 소용이 없다는 걸 깨달았다.

그는 1886년 노비 세습제가 폐지되면서 나주에서 일어났던 '궁삼면宮三面 사건'에 주목했다. 나주 3개 면 농민들이 구한말 왕실에 빼앗겼다가 일제강점기에 동양척식주식회사로 넘어간 농토를 되찾으려고 수십 년을 처절하게 벌인 농민 항일 투쟁이다. 문순태는 이 사건을 다큐 형식으로 써서 신문에 연재했다. 그러던 어느 날 활자를 뽑는 신문사 문선공들이 책자 같은 것을 자기들끼리 재미나게 돌려보는 모습을 봤다. 궁삼면 사건 시리즈를 복사해 책으로 묶은 것이었다. 그는 이 이야기를 소설로 써보리라 마음먹었다.

문순태는 10여 년 만에 궁삼면 사건을 『타오르는 강』으로 풀어냈다. 노비에서 풀려난 무지랭이들이 영산강 건너 새끼내에 터를 잡고 홍수 때마다 휩쓸려 가는 강변에 힘겹게 땅을 일군다. 이들이 영산포 유역을 흘러 다니며 착취당하고 핍박받는 한스러운 삶이 7권짜리 연작소설로 이어진다. 등장인물이 많고 절절한 이야기들이 파노라마처럼 펼쳐진다.

기자 생활은 소설가로 살아가는 데 큰 도움이 됐다. 역사와 사회를 꿰뚫어보는 안목이 생겼다. 그는 언제나 "문학은 역사의 칼이어야 한다"고 믿었다. "문학엔 들꽃의 아름다움도 있어야 한다"는 한승원과는 내내 길을 달리했다.

그는 1985년부터 순천대에서 문학을 가르쳤다. 그러다 1989년 전남일보가 창간되면서 편집국장으로 언론사로 복귀했다. "신문사 돌아가면 이혼하겠다"는 아내의 만류도 뿌리쳤다. 해직된 뒤 한동안 밤에 신문 만드는 꿈만 꿨을 만큼 좋은 신문에 대한 갈망이 컸기 때문이다.

문순태는 1996년 주필을 끝으로 신문사를 떠나 광주대 문창과 교수가 됐다. 거기서 10년 동안 열심히 가르쳐 등단시킨 제자가 30명에 이른다. 2006년 정년퇴임이 다가오자 서울 강남에서 병원을 하는 아들이 "근교에 사실 곳을 봐뒀으니 올라오시라"고 했다. 그는 고향을 택했다. "내 소설의 뿌리인 고향 사람들 삶 속으로 더 깊숙이 들어가 지켜보자"고 맘먹었다. 그들과 함께 호흡하며 고통과 슬픔을 함께 나누면 소설의 뿌리가 더욱 튼실해지리라 생각했다.

그는 자신을 소설가로 키운 것이 "무등산 자락 고향의 청정한 댓바람 소리와 물레방아 돌아가는 소리, 그 골짜기를 짜글짜글 뒤흔든 6·25의 총소리"라고 했다. 어릴 적 마셨던 각씨샘 샘물처럼 고향은 마르지 않는 문학 소재이자 무대였다.

문순태는 광주 아파트를 팔고 퇴직금을 보태 만월리 생오지에 있는 60평짜리 카페와 주변 땅을 사들여 문학의 집으로 삼았다. 살림집도 짓고 텃밭에서 무, 배추, 시금치, 고추, 상추를 갈아먹는다. 토종닭도 스무 마리쯤 키운다. 새벽 5시면 일어나 한 시간씩 무등산 자락을 오르며 맑은 공기를 실컷 들이마신다. 평생 그를 괴롭히던 천식도 생오지에 살면서 말끔히 사라졌다. 담양과 화순 장터를 돌며 장을 보는 것도 큰 즐거움이다.

그는 문학의 집 생오지에 일생 동안 모은 책 7천 권을 꽂아 뒀다. 고교 시절 어려운 형편에도 아버지를 졸라 샀던 1959년판 을유문화사 세계문학전집도 녹두빛 표지 그대로 꽂혀 있다. "책들은 셋방을 전전하던 시절 내 유일한 자존심이었기에 어느 것 하나 버릴 수가 없다"고 했다. 그는 오전에 글쓰는 시간 말고는 누구나 생오지에서 책을 읽을 수 있게 해놓았다.

전국에서 찾아오는 문학도와 학생들을 맞아들여 강의도 하고 삶도 토론한다. 일주일에 세 시간은 나이 들어서도 문학의 꿈을 놓지 않은 직장인과 주부 25명에게 문학을 가르친다. 해마다 호주머니를 털어 문인과 소리꾼을 불러 모아 '생오지 문학제'도 연다.

그는 담양이 자연자원도 잘 보존됐을 뿐 아니라 정신유산이 깊은 곳이라고 했다. 그는 호남 사림(士林)문화의 상징, 소쇄원에도 자주 들른다. 소쇄원부터 식영정, 명옥헌, 독수정, 환벽당, 송강정까지 정자들에 밴 담양의 정신문화가 자랑스럽다. 그는 촉망받던 조선 지식인 양산보가 소쇄원을 짓고 스스로를 은둔 속에 가둔 사연을 소설로 구상하고 있다. 7권이 출간된 대하 장편소설 『타오르는 강』도 10권으로 마무리 지어 완간하겠다고 했다.

이제 문순태는 "문학이 역사의 칼이어야 한다"는 믿음이 조금 바뀌었다. "생오지에 들어온 뒤론 역사와 사회의 중심에서 한걸음 물러나 인생과 자연 쪽으로 눈길이 간다"고 했다. 이 세상에는 역사나 이념보다 더 중요한 것이 얼마든지 많다는 것도 알았다. 이념보다 사랑이, 경쟁보다 느림이, 거대 담론보다 일상이, 낯섦보다 익숙함이 때론 더 소중하다는 것도 깨달았다. 오랜만에 흙냄새를 맡아서 그런지 시도 술술 잘 나온다고 했다.

오랜 세월 먼 길 돌고 돌아

헐벗은 마음 여미고 나 여기 왔다

열두 살에 유둔재 넘었으니

몇 해 만인가

이제야 귀천歸天의 길 찾았구나

무등산 새끼발가락 언저리

깊고 푸른 꿈에 꼭 안겼으니

고단한 나 살 만한 곳 아닌가

나무들과 함께 깨어나고

풀잎 속에 은둔하듯 누워서

바람 부는 대로 흔들리다가

흔들리다가 잠들고 싶은 곳

이제 여기서

강물 타오를 때까지

유년의 나를 기다리겠네

—「생오지에 와서」

민속학자 황루시의 강릉
34년 전 강릉에서 운명처럼 단오제를 만났다

무당과 농악대 온갖 장사치들
굿판에 취한 할머니
낮술에 얼근한 사내들……
떠들썩한 5월 남대천변 단오제
축제란 바로 이런 것이구나
"전생에 무슨 착한 일 해 이리 좋은 데 사나"
누가 뭐래도 나는 강릉 사람

관동대 교수 황루시는 경포호 아래 초당마을에 산다. 집을 오가다 보면 고가古家 선교장 같은 명소 앞에 여행자들이 버스를 기다리고 서 있다. 그는 차를 세우고 행선지가 맞으면 태워준다. 함께 가면서 강릉에 대해 설명해준다. "나는 강릉 사람이니까, 방문객에게는 우리 모두가 가이드니까."

경포호 남쪽 허난설헌 생가 터에는 벚나무 거목들이 하늘 가득 때늦은 꽃비를 뿌리고 있었다. 아니 눈발처럼 하얀 꽃눈이다. 황루시는 이곳에 일과처럼 산책을 나온다. 집에서 10분이면 걸어 온다. 그는 고즈넉한 양반집 마당을 거닐며 허난설헌을 생각한다. 여자로 시대를 잘못 만나 스물일곱에 떠나간 시인 난설헌을 생각한다. 바로 옆 호반 청정한 소나무 사이를 걷고, 다시 10분 나가 경포바다를 향해 깊은 숨을 내쉰다.

그는 "내가 전생에 무슨 착한 일을 했기에 이렇게 좋은 데서 사나 싶다"고 했다. 난설헌이 노래했던 그 강릉의 삶이다. "집은 강릉 땅 돌 쌓인 강가에 있어 / 문 앞을 흐르는 물에 비단옷 빠네 / 아침이면 한가로이 노 매어두고 / 짝지어 나는 원앙새 넋 잃고 바라보네 家住江陵積石磯 門前流水浣羅衣 朝來閑繫木蘭棹 貪看鴛鴦相伴飛"

황루시는 이화여대 대학원에서 무속 巫俗을 공부하던 1977년 초여름 처음 본 강릉 남대천변 풍경을 잊지 못한다. 드넓은 모래벌판 뙤약볕에 하얀 천막들이 넘실댔다. 무당과 농악대, 약장수가 여기저기 마당을 벌였다. 밥장수·술장수·떡장수·이불장수·옷장수, 온갖 장사치들 호객 소리가 떠들썩했다. 그 사이로 사람들이 어깨를 밀며 미어터지게 떠다녔다.

굿판에 빼곡히 앉은 할머니들은 머리에 향기로운 궁궁이풀을 꽂은 채 무당노래에 취해 있었다. 모시옷 차려입은 할아버지들은 농악마당에서 막걸리 한 잔과 꽹과리 장단에 신명풀이를 했다. 아이들은 물방개를 띄우는 야바위판에 고개를 들이밀고, 낮술에 얼근한 사내들이 씨름판을 기웃거렸다. 옛날 얘기 책 파는 이는 돗자리에 수백 권을 깔아놓고 소리내 책을 읽었다. 사람들은 책 살 생각도 않고 책장수가 들려주는 이야기에 빠져 있었다.

단오제는 충격이었다. '우리에게도 축제가 있었구나, 축제란 바로 이런 것이구나.' 강릉은 황루시에게 가슴 뛰는 공간이 됐다. 한 해도 거르지 않고 단오제 구경을 왔다. 공부라는 것도 잊고 정교하기 그지없는 단오굿 가락을 신이 나서 채보採譜했다. 예술의 경지에 이른 무당들의 연희演戱와 삶을 기록했다.

학생 시절이라 닷새씩 머물다 보면 돈이 떨어지곤 했다. 그럴 때면 '어머니'라고 불렀던 단오굿 인간문화재 박용녀 할머니를 찾아가 작별인사를 했다. 할머니는 곁에 앉은 후계자 신석남 할머니에게 눈짓을 했다. 신 할머니는 치마를 들춰 지금 돈으로 2만~3만 원을 쥐여주곤 했다. 하루쯤 더 묵을 수 있는 돈이었다. 무당들은 자신들의 굿 가락과 이야기에 열심히 귀 기울이고 기록하는 그를 '황 선생'이라고 불렀다.

황루시는 1951년 피란지 부산에서 태어났다. 그의 집안은 서울 중구 중림동에 터 잡은 서울 토박이였다. 할아버지는 은행원이었고 외할아버지는 을지로에서 한의원을 했다. 아버지는 연희전문 철학과를 나왔고 어머니는 숙명여전 다닐 때 연극을 했다. 황루시는 할아버지가 자하문 밖 세검정에 지은 4백 평 집에서 자연과 함께 자랐다.

아버지 황영빈은 영화평론가이자 시나리오작가, 제작자였다. 처음 제작한 영화가 〈꿈은 사라지고〉1959년다. 최무룡의 〈꿈은 사라지고〉와 문정숙의 〈나는 가야지〉, 두 주제가로 유명한 작품이다. 아버지는 현미가 주제가를 부르고 신성일과 엄앵란이 주연한 〈보고 싶은 얼굴〉1964년의 시나리오도 썼다.

시를 좋아했던 아버지는 시인 박인환, 이진섭과 교유했다. 아버지는 딸 이름에도 시의 향기를 불어넣었다. 실 루(縷)에 글 시(詩)로 짓고 '비단 폭에 쓰인 한 편의 시'라고 풀이해줬다. 아마도 윌리엄 워즈워스의 시 「루시의 노래」에서 따오신 듯했다. 황루시라는 이름은 전화번호부에 단 하나밖에 없었다. 그래서 그는 "착하게, 모나지 않게 살아야겠다"고 맘먹었다.

 황루시는 고교 시절 작가를 꿈꿨다. 기자가 돼 사회 경험을 쌓은 뒤 소설을 쓰겠다는 생각에 이화여대 신문방송학과에 들어갔다. 등산과 여행을 하고 연극을 즐겨 보며 대학 생활은 행복했다. 탈춤반에서 활동하면서 김민기, 임진택, 김방옥과도 친하게 지냈다. 대학 때 등산으로 쌓은 체력과 여행 기사 취재연습은 훗날 민속학을 하는 데 큰 도움이 됐다. 옛 마을 굿은 보통 2박3일 꼬박 이어진다. 굿 취재하는 사람은 그냥 지켜보는 것만도 힘겹다.

 졸업하고 서린호텔 판촉부에서 일했지만 직장 생활은 행복하지 않았다. 그때 마침 이화여대 국문과 김호순 교수가 미국 캔자스대에서 연극학 박사를 하고 돌아왔다는 소식을 들었다. 그는 직장 다니며 짬짬이 김 교수의 강의를 얻어들었다. 그러다 1975년 서린호텔을 그만두고 이화여대 대학원 국문과에 들어가 연극을 전공했다.

 그 해 황루시는 이화여대 하계학교에 온 외국인들을 안내하는 일을 맡았다. 외국인들은 우리 굿을 보고 싶어했다. 선교사 부부를 모시고 처음 간 곳이 서대문형무소 뒷산 검은 선바위였다. 일제는 조선 왕을 모시는 남산 국사당 자리에 일본 왕을 모시는 신궁(神宮)을 세우고 국사당을 선바위로 옮겨버렸다. 장삼자락 늘어뜨린 스님처럼 생긴 바위다. 치성을

"강릉 사람들은 누가 부르지 않아도 단오제에 매일 나온다. 비가 억수로 퍼부어도 길놀이에 나선다. 그것이 강릉의 힘이고 그런 문화가 사람들을 자유롭고 여유롭게 만든다."

드리면 아들을 낳게 해준다는 바위로 이름난 곳이었다.

황루시와 선교사 부부는 선바위에서 벌어지는 진오귀굿을 지켜봤다. 선교사가 이것저것 궁금한 것을 물었지만 그는 굿 이름도 몰랐다. 태조 이성계 진영을 모셔놓은 앞에서 무당이 죽은 사람의 두루마기를 걸치고 있었다. 딸을 비롯해 굿을 의뢰한 가족이 가져온 옷이었다. 돌아간 아버지의 혼이 내린 무당은 가족들을 끌어안고 울었다. 딸이 "아버지 임종을 못해 죄송하다"고 하자 무당은 "괜찮다, 이해한다"고 했다. 황루시는 처음엔 무당이 하는 게 무섭더니 굿이 진행되면서 자기도 모르게 눈물이 났다.

"이게 바로 진짜 연극인데, 내가 지금까지 딴 데서 연극을 보고 있었구나" 싶었다. 그는 한국 연희演戱의 원형으로서 굿에 관심을 갖게 됐다. 그러다 무당 공부에 빠져들었고 3학기가 끝나던 여름, 민속학으로 전공을 바꿨다. 대학원 졸업할 때까지 주로 서울 지역 굿판을 답사하러 다니는 생활이 이어졌다.

당시만 해도 굿 기록을 상세하게 남긴 이가 드물던 시절이었다. 책도 경희대 김태곤 교수의 『한국 무가집巫歌集』쯤이 전부였다. 그는 굿판들을 일일이 눈으로 보고 손으로 쓰느라 숱하게 발품을 팔았다. 박수무당 이지산을 만나러 서대문 영천 달동네를 수도 없이 오르내렸다. 제대로 된 화장실도 없던 동네라 온 언덕에 구린내가 진동했다.

어느 날 민속학자 임석재 선생이 황루시에게 "강릉에 가자. 한국 굿을 공부하려면 단오제를 봐야 한다"고 하셨다. 임석재 선생을 따라간 단오제에서 그는 충격을 받았다. 그때까지 그는 축제라고 하면 장 루이 바로의 영화 〈인생유전〉을 연상했다. 카니발에서 남녀가 헤어지는 라스트 신을 떠올리곤 했었다. 그는 단오제를 보고 비로소 깨달았다. '축제란 바로 이런 것이구나.'

황루시는 전공을 바꾼 지 네 학기 만인 1978년 8월 대학원을 마쳤다. 그 무렵 집안 형편이 기울면서 공부를 계속할 수 없게 되자 연극판에서 기획과 행정 일을 했다. 1980년부터는 정동 세실극장에서 일했다. 그러면서도 민속 현장 답사를 계속했다.

그는 작고한 사진작가 김수남과 함께 굿판을 돌았다. 1970년대에는 주로 서울굿인 진오귀굿을 공부했다면, 1980년대에는 전국으로 취재를 다녔다. 제주도 출신으로 제주 굿 전문가인 김수남은 돈에 쪼들리는 황루시에게 여러모로 신경을 써줬다. 황루시가 녹취하고 취재한 원고를 다른 곳에 빌려주거나 팔아주고 답사료도 받아내 건네곤 했다.

황루시는 1983년 세실극장을 그만두고 박사과정을 시작했다. 무당을 통해 내려오는 구비문학을 연구했다. 그는 네 해 만인 1987년 여름 박사논문 「무당굿의 연극성」으로 학위를 받았다. 그리고 이듬해 봄 서른일곱 황루시가 얻은 첫 대학 전임 자리가 우연찮게 관동대 교수였다. 전국을 다니며 숱하게 답사한 굿 중에서도 단오제의 도시에 자리 잡은 걸 보면 강릉은 갈 데 없는 '운명'이었다.

강릉에 살면서 황루시는 단오제를 더 가까이, 더 자세히 들여다보게 됐다. 단오제는 10세기 고려에서 첫 제사가 올려졌다. 조선 때는 강릉

부 관아 호장^{戶長}이 관장하는 행사였는데, 고을마다 있던 읍치^{邑治} 성황제와 비슷했다. 나라가 망하면서 단오제는 사라졌다. 일제는 대관령 선자령 아래 서낭신을 모시던 국사성황당을 폐쇄했다. 강릉 남대천 장터 옆 성황당을 없애고 그 자리에 신사를 지었다.

단오제를 되살려낸 건 강릉 닷새장 중앙시장에서 전을 벌이던 보따리상들이었다. 상인들은 험한 대관령을 넘다 다치거나 죽는 일까지 있었다. 그래서 무사히 대관령 길 넘게 해주십사 성황당을 찾아 제의^{祭儀}를 벌이기 시작했다.

단오제는 대관령에서 신목^{神木}을 모셔 내려오는 것으로 시작한다. 단풍나무를 베어 오색 천 예단으로 옷을 해 입힌 신의 나무다. 이 남신^{男神}이 한 해 한 차례 강릉의 여^{女} 서낭과 합사하는 화해굿이자 생산굿이 바로 단오제다.

황루시는 신목을 싣고 내려오는 트럭에 타고 싶었지만 함께 타고 가자는 사람이 없었다. 터벅터벅 걸어 내려오곤 하다 어느 날 누군가 트럭에 태워주기 시작했다. 그는 "이방인에서 강릉 사람이 되는 첫 관문을 통과하는 순간이었다"고 했다.

신목을 남대천변 굿당에 모셔두면 어머니, 할머니들이 와서 절을 했다. 무당이 대신 소주도 올려주고 점도 쳐줬다. 집안의 할머니들은 이날만큼은 뒷방 노인네가 아니라 집안의 무속 책임자였다. 가족을 대표해 복채를 놓고 가족의 길흉화복을 물었다. 아무리 나이 많은 할머니라도 시어머니가 계시면 '아직 어려서' 굿당에 나와볼 수 없었다.

민속학자 황루시는 자연스럽게 단오제 일에 관여하게 됐다. 그때만 해도 단오제 안내 팸플릿은 온통 한자투성였다. 그는 한자들을 쉽게 풀어 한글 팸플릿 만드는 일을 도왔다. 단오제 행사를 영상물로 기록할 때 원고도 썼다.

그는 단오제를 오래 이어가려면 어린이와 청소년들에게 단오제를 제대로 가르치는 것이 중요하다고 생각했다. 초등학교 교사, 만화가와 함께 여덟 시간 강의용 어린이 교재를 만들어 돌렸다. 어린이들은 그 교재를 학교에서 공부하고 난 뒤 단오제 구경을 왔다.

1994년 한국방문의 해를 맞아 단오제가 한국 10대 축제에 뽑혔다. 황루시는 그때부터 단오제 실행위원이 돼 축제 기획과 운영에 참여했다. 그는 학생들을 단오제에 못 가게 하는 학교가 많다는 걸 알았다. 난장에 사행성 놀이가 많았기 때문이다. 학생들이 없으면 단오제의 미래도 없다고 본 그는 야바위 판들을 축제장 밖으로 몰아냈다. 강릉 시내 모든 학교 교장선생님들에게 "경찰이 단속해 사행 놀이를 막을 테니 학생들을 보내 달라"는 공문을 보냈다. 비만 오면 진흙탕이 되는 축제장 바닥을 깨끗하게 정비했다. 진입로도 잘 닦았다. 대관령에서 신목을 모셔 내려와 단오장까지 가는 길도 다듬었다.

단오축제는 음력 5월 5일을 가운데 두고 3일부터 7일까지 닷새 동안 열린다. 하지만 제의는 한 달 전 성황당에서 신의 술, 신주神酒를 빚는 것에서부터 시작한다. 술 담글 때도 무당이 굿을 하고 성황당 앞에 술독을 묻은 뒤 금줄을 친다.

실행위원회에서 술 빚을 쌀을 시민들에게 걷자는 아이디어가 나왔다. 옛 마을 제사 동제(洞祭)에서 쌀을 추렴했듯 4킬로그램 들이 주머니를 만들어 돌렸더니 1백 가마가 넘게 모였다. 쌀 주머니엔 이름과 주소, 소원을 쓰게 했다. 황루시는 할머니들 소원을 곧잘 대필해드린다. '조금 건강하게 살다 자는 잠에 열반하게 해주세요'라고 써드리면 다들 좋아하신다. 강릉 사람들은 이 쌀로 막걸리를 빚어 단오제 내내 나눠 마신다. 신주를 되살리면서 단오제는 그만큼 더 풍성하고 길어졌다.

황루시는 단오축제 첫날인 음력 5월 3일에 시민들이 함께하는 길놀이도 고안해냈다. 대관령에서 모셔 내려온 신이 강릉 여 서낭과 만나 남대천까지 가는 한 시간 길을 농악대 앞세운 시민 마당으로 키웠다. 소원을 써넣는 등(燈) 3천 개를 3천 원씩에 팔아 신의 행차를 호위하게 했다. 준비한 등이 순식간에 팔려나갔다. 길가 여기저기에는 메밀전과 감자전, 신주를 쌓아놓아 누구든 먹게 했다. 등을 치켜든 사람들이 줄지어 남대천변을 향하는 그 자체가 장관을 이뤘다.

2004년 황루시는 단오제를 유네스코 인류 무형문화유산에 올리기 위한 신청자료 작성을 맡았다. 유네스코 사람들이 잘 이해할 수 있도록 하는 게 관건이었다. 그는 보고서 세 개를 쓰고 한 달 동안 밤새워가며 동영상도 두 개를 편집해냈다. 정교한 무속 굿가락도 악보로 만들어 보냈다. 전문가가 보면 그 탁월한 예술성을 알 것이라고 생각했다. 유네스크 문화유산 등재는 성사됐다. 단오제는 토속 행사로 무시당하다가, 시장판이 됐다가, 반듯하게 가다듬어 문화재로 자리잡았고,

유네스코 등재로 정점을 찍었다.

황루시는 강릉 옛 이름을 딴 임영민속연구회에서도 20년 넘게 활동하며 세 차례 회장을 지냈다. 연구회에서 두 차례 논문집을 내고 시민들과 문화유산 답사도 다녔다. 이 민간 연구회를 그는 "강릉의 내 가족"이라고 불렀다. 강릉 사람들이 그를 강릉 사람으로 받아들인 곳이다. 그는 말씨도 어느덧 강릉 억양으로 바뀌었다. 서울 친구들은 서울 토박이가 강릉 사투리 쓴다고 웃고, 강릉 사람들은 사이비 사투리라고 웃는다.

강릉 사람들은 고집이 세다. 다른 지역 축제는 대학 전문가들이 맡아 하지만 강릉은 다 강릉 사람들이 한다. 우리 것은 우리가 제일 잘 안다는 자부심에서다. 답답할 때도 있지만 황루시는 그게 맘에 든다. 그런 게 진짜 지역 축제다. 강릉 사람들은 누가 부르지 않아도 단오제에 매일 나온다. 비가 억수로 퍼부어도 길놀이에 나선다. 황루시는 "그것이 강릉의 힘이고 그런 문화가 사람들을 자유롭고 여유롭게 만든다"고 했다.

그는 일본어 공부를 하고 있다. 은퇴한 뒤 9인승 밴을 사서 문화관광 가이드를 할 생각이다. 가족이나 외국인 관광객을 터미널에서 태운 뒤 대관령 성황당부터 전통문화 현장을 데리고 다니며 맛난 음식 먹이고 집에서도 재울 계획이다. 몇 년 해서 장사가 된다는 걸 증명해 보이면 젊은이들도 따라할 것이다.

황루시는 산책 나올 때마다 집 앞 강릉고에서 야구부 학생들이 연습하는 모습을 본다. 기특하고 예쁘다. 은퇴하면 후원회원이 돼 한 해 두어 차례씩 고기파티를 해주고 싶다. "누가 뭐래도 나는 강릉 사람이니까."

판화가 이철수의 제천
'청풍명월' 제천이 내게서
'분노'를 걷어내줬다

민주화 운동에 목판화 시대를 열었던 판화가
분노도 품어주어 너나없이 한데 어우러지는
제천 천등산 아래 평장골 농부되다

이철수는 천등산 다릿재와 박달재 사이에 산다. 충북 제천시 백운면 평동2리. 수도권과 강원도를 잇는 4차로 38번 국도가 가까이 지나는데도 135가구 사는 안평장골은 양지 바른 주론산 아래 탈속하듯 들어앉았다.

겨울을 털고 일어난 농부들이 아침부터 밭에 거름을 내느라 여기저기서 토속적인 냄새가 피어오른다. 구불구불 고샅길 따라 들어간 마을 안쪽, 이철수의 집은 벽돌담도 기와지붕도 야트막하다. 처마엔 시래기와 씨옥수수 다발이 매달려 있다. 벽엔 나물이며 가지, 버섯, 칡, 대추 주머니들이 주렁주렁 걸려 말라간다. '화장실'을 찾았더니 "간단한 볼일이면 뒤꼍에서 보라"고 가리킨다. 뒤뜰엔 달랑 고무 들통만 놓여 있다. 둘 있는 변소도 재래식이다. 퍼다가 밭에 거름으로 준다. "우리 식구들 건데 어떠냐"며 웃는다.

이철수는 남향집에 문전옥답까지 3대가 덕을 쌓아야 얻는다는 복을 둘이나 겹쳐 누린다. 바로 문앞에서 쌀 열여덟 가마 소출을 내는 논농사를 짓는다. 집을 둘러가며 밭에선 콩, 팥, 깨, 땅콩을 갈고, 쌈채며 과일은 비닐하우스에서 가꾼다. 다 합쳐 2천 평쯤에 한 해 작물이 스무 가지가 넘는다. 논밭을 갈거나 가을걷이 할 때만 기계를 빌릴 뿐 모두 부부가 손으로 일군다. 유기농으로 짓느라 손품이 훨씬 더 든다. 그는 편안한 얼굴로 "분노는 남의 짐이 된 지 오래"라고 했다.

1980년대 초 이철수는 '민중미술가'로 불렸다. 낫을 쳐든 농군, 절규하는 여공, 아기 업은 행상 아낙네를 그렸다. 시위 현장에는 으레 그의 판화가 커다란 걸개그림으로 내걸렸다. 판화집은 판매가 금지되고 집도 수색당했다. 늘 누군가가 따라다녔다. 그는 감옥 갈 각오를 하고 내의를 두툼하게 껴입고 집을 나서곤 했다.

"민주화 운동에 목판화 시대를 열었다"는 찬사를 받던 그는 1982년 결혼하고 이듬해 서울을 떴다. 귀농이라는 말도 없던 시절, 그는 늘 농촌을 가슴에 두고 살았었다. 그림을 그리다 보니 몸 경험이 너무 없다는 생각도 들었다. 조각칼만 쥐던 손에 흙을 묻히며 살고 싶었다. 아내도 그와 사귈 때부터 시골로 가겠다고 맘먹고 있었다.

스물여덟 이철수는 아내와 갓난아기를 데리고 경북 의성의 사과 농가 아래채에 들었다. 정농회 활동을 하던 유기농 1세대 농부의 집이었다. 그는 농사를 거들며 유기농법을 배웠다. 마음은 편했지만 뿌리내리는 느낌이 적었다. 아내가 둘째를 가진 뒤 몸이 좋지 않아 일단 서울로 돌아와 몸을 풀었다.

1년쯤 서울에 살면서 다른 곳을 찾던 그를 부른 이가 원주 살던 생명운동가이자 사회운동가 장일순 선생이었다. 이철수가 평생 마음에 모신 스승 장일순은 "논밭뙈기가 재산이고 농사가 깊은 공부"라며 원주에서 시골 살림을 차려보라고 했다. 1987년, 이철수가 서른세 살 때였다.

그는 원주 여기저기를 돌며 살 집과 농사지을 땅을 찾았지만 여의치 않았다. 맘에 드는 곳은 "안 팔겠다"는 답이 돌아왔다. 그러다 장일순 선생의 제자 이현주 목사를 따라온 곳이 원주 남쪽 제천 백운면이었다. 이 목사가 한때 목회를 하던 곳이어서 동네 후배 목사의 교회에 잠깐 쉬러 들렀다가 "집 두 군데가 비어 있다"는 얘기를 들었다.

이철수는 둘 중에 세 해나 비어 있던 집을 두 말 없이 골랐다. 6·25 후에 지은 낡은 집이지만 옛 분위기가 좋았다. 큰길에 가까우면서도 농촌 분위기가 오롯이 살아 있었다. 눈 쌓인 마당에 서니 편안한 느낌과 함께 '내 집'이라는 생각이 밀려왔다.

주저앉은 지붕부터 고쳤다. 축사 바닥 콘크리트를 걷어내는 데는 일 년이 넘게 걸렸다. 제천에서도 백운면은 모질게 추웠다. 영하 30도 가까이 내려가는 날이 예사였다. 워낙 추워 감 농사도 안 되는 곳이었다. 동네 어르신들이 수도관을 석 자 아래 묻으라고 해서 시키는 대로 했더니 얼지 않았다. 알고 보니 철원, 봉화 다음으로 추운 지역이었다.

집을 사고 나니 빈손이라 텃밭부터 가꾸기 시작했다. 그림을 안 그려도 밥 안 굶을 만큼 농사는 지어야겠다고 맘먹었다. 빚을 내가며 논밭을 조금씩 사들였다. 270평으로 시작한 경작지가 3천 평까지 늘어났다가 조금씩 줄어 지금은 2천 평을 짓는다.

이철수는 농번기엔 종일 일하고, 한숨 돌리는 철엔 오전에 판화 작업을 하고 오후에 밭일을 했다. 오전에 일하고 나면 조각칼이 떨리기 때문이다. 겨우내 밑그림을 그려뒀다가 틈틈이 작업했다. 주먹 쥔 사람이 많았던 그의 작품엔 차분하게 앉아 있는 사람이 들어서기 시작했다. 그는 삶, 자연, 선禪을 잔잔하게 이야기했다. 소재 태반이 농사일이고 주변 풍경이다.

"노인 한 분 이랑 긴 / 콩밭 언덕을 천천히 오르신다 / 그 산밭 길 젊어서도 힘들었다." 살림집 옆으로 나란히 지은 작업실에 「당신의 길」이라는 작품이 걸려 있다. 집 옆 언덕 밭을 소재로 한 것이다. 팔순 노인이 콩 낟가리를 쌓으시는 모습을 보고 그렸다. 매일 몇 단씩 거둬 어느새 커다란 낟가리가 되곤 했다. 그는 "여기 노인들은 돌아가시기 직전까지 일하다 가신다. 그걸 보며 느끼는 것이 많다"며, "책상에서 공부하는 건 공부가 아니더라. 그래서 농사 짓는 것"이라고 했다.

"봄밤에 / 범 발자국 / 허공을 걷다 간 듯 / 매화 꽃 피었다 / 달빛 밝아도 / 멀리는 못 가고."「뒤안 매화 피길래」라는 작품에 붙은 글이다. 그의 그림과 글엔 문인화의 향기가 있다. 그는 "여기서 보는 자연과 생명으로 세상과 얘기를 나눈다. 도시의 세련된 감각, 새 문물은 내 작품 대상이 아니다"고 했다.

「분노가 늘?」은 짐을 지고 들어오는 택배 기사를 그렸다. 거기에 이렇게 쓰여 있다. "분노가 늘 그렇지. 택배하는 사람들처럼 제 것 아닌 걸 제 어깨에 메고 분주하다." 시골 살다 보니 그의 집엔 택배 물건이 많이 배달돼 온다. 그는 거기서 남의 짐인 분노를 지고서 소리를 높이는 세상 사람들 모습을 봤다.

이철수는 1980년대 거친 싸움에 나서면서 그토록 미워하던 폭력과 욕심을 스스로 배워가는 걸 보고 놀랐다고 했다. 아동문학가 권정생 선생이 "이철수 안에 고운 것이 들어있는데 거친 걸 그리느라 마음고생이 얼마나 심했겠느냐"고 한 말씀이 고마웠다.

이철수의 작품에 꽃과 새와 자연이 등장하고 목소리도 나직해지자 운동권 사람들은 "이철수가 변했다"고 했다. "변절했다"는 말까지 나왔다. 그는 "그건 표면적 변화일 뿐"이라고 했다. "삶의 방법이 달라졌을 뿐 세상이 좀 더 반듯해지고 착해지면 좋겠다는 생각엔 변함이 없다. 꽃 풍경으로도 얼마든지 세상 얘기를 할 수 있지 않느냐"고 했다.

그의 작품에는 글이 많이 들어간다. 그림이 우선일 때도 있지만, 하고 싶은 말을 하기 위해 그림을 그리기도 한다. 그는 문학에서는 세상 이야기하는 사람이 많은데 왜 미술엔 없을까 하는 의문을 1970년대부터 품었다. 그러면서도 "그 글에 미술적 조형적인 고려도 충분히 담는다"고 했다. 이를 테면 그는 글씨도 '그리는' 셈이다.

이철수는 원래 문학에 관심이 많아 글 쓰는 사람이 되고 싶었다. 미술은 순전히 독학으로 했다. 그는 서울에서 태어나 자랐다. 경북 영덕 출신인 아버지는 도쿄 유학을 다녀온 사업가였다. 무역업으로 성공해 부자가 됐다. 서예와 그림을 좋아해 사업을 하면서도 화구와 붓을 놓지 않았다. 판화가 이철수의 피는 아버지에게서 물려받은 듯하다.

아버지는 5·16이 터진 직후 파산했다. 안암동 집마저 남의 손에 넘어가고 이철수의 암울한 유소년기가 시작됐다. 그는 걸핏하면 학교 서무과에 불려가 수업료를 내라는 닦달을 당했다. 아버지를 원망하고 반항도 했지만 나이 들어 아버지를 이해하게 됐다. 군대에서 시간이 많이 남는 당번병을 해 독서도 생각도 많이 할 수 있었다. 그 성찰의 시간이 미술가로 서는 데 밑거름이 됐다.

이철수가 스승 장일순 선생을 처음 뵌 건 1981년 첫 개인전을 마친 뒤였다. 원주로 찾아갔더니 개인전 도록을 갖고 계셨다. 박경리 선생이 주더라고 했다. 이철수는 그날 장일순에게서 술을 얻어 마시고 가슴 울리는 말씀도 들었다. 장일순은 죽산 조봉암이 남의 허물을 뒤집어쓰고 정치적 희생양이 되면서도 결코 변명하지 않았다는 얘기를 해줬다. 감정이 격해져 좌중 사람들이 다 눈물을 흘렸다.

장일순은 그에게 늘 "품어 안으라, 같이 가라"고 했다. 이철수는 "근기根器가 스승만 못해 뜻대로 안 되지만 함께 가는 삶을 살려고 애쓴다"고 했다. 1980년대에 삶에 부딪치는 건건이 늘 분노하고, 상처받고, 스스로를 통제하지 못하고 망가졌던 것을 반성한다. 농촌에 살다 보니

그건 욕심이었다. 큰 세계가 고스란히 농촌에 있었다. 그는 "생각이 바뀌어서 농촌에 온 게 아니라, 인연 따라 농촌에 온 뒤에 생각이 바뀐 것"이라고 했다.

마을 사람들은 처음에 서울서 그림 그리는 사람 왔다며 경원시했지만 텃세는 없었다. 그가 늘 웃는 얼굴을 명함 삼아 지냈더니 이웃들과도 이내 친해졌다. 이젠 다 할아버지들이 된 당시 중장년 이웃들은 그가 정착하는 데 이것저것 많이 도와줬다.

2005년 개인전을 하고 난 뒤 한 해 쉬며 다시 그림 그릴 차비를 하던 차에 마을에 뒤숭숭한 소식이 들려왔다. 마을 뒤 시유지市有地 주론산에 대형 콘도가 들어선다는 소식이었다. 시가 주론산을 콘도업체에 파는 걸 막아보려고 이철수가 나섰다. 그는 '이 기회에 마을 심부름 한번 제대로 해보자' 맘먹고 마을대책회의 공동위원장을 맡았다. 그러면서 세 해 가까이 조각칼을 놓았다. 해외 전시를 포함해 예정됐던 전시회 두 건도 취소했다.

주론산은 마을 사람들이 땔감과 퇴비를 대는 유일한 곳이었다. 연료림은 예로부터 마을공동체의 바탕이었다. 그는 주론산이 마을 소유 동유림洞有林이었다는 근거를 찾아내면 주론산 불하를 막을 수 있다는 데 착안했다. 일제 때 임야대장을 뒤져 마을 산의 소유권자가 평동리로 돼있는 1918년 산지山地 조사 기록을 발견했다.

이철수는 일제 기록 이전에 우리 시골 마을을 지배하던 관습법 풀령㕮도 근거로 삼았다. 땔감이나 퇴비감을 서로 많이 긁어모으면서 산이 황폐해지는 걸 막으려고 채취 날짜를 정하고 채취량을 제한하는 제도였다. 풀령을 어기는 사람은 마을에서 쫓겨나는 무거운 벌을 받았다.

이철수는 이런 기록들을 제시해 주론산 소유권 소송을 냈다. 다른 재판 서너 건도 진행했다. 비슷한 소송에서 이겨 마을 땅을 되찾은 제주도의 한 마을도 찾아갔다. 그곳은 재산이 있으니 마을이 풍요로웠다. 마을 장학금도 만들고, 이장과 반장 아래 구장만 대여섯 명이 있었다. 살기가 좋아 그 마을만 인구가 줄지 않는다고 했다.

이철수는 가슴이 부풀었다. 1백만 평 주론산을 되찾으면 평동리가 살아날 수 있다. 산나물도 캘 수 있고 간벌에서 나오는 목재도 팔아 부자 마을이 될 것이다. 그는 주론산에 생태학교를 세우는 꿈도 꿨다. 망가지는 농촌공동체가 복 받은 마을이 될 수 있다고 생각하니 힘이 솟았다. 마을 어르신들은 "성공하면 이 선생 공덕비를 세워주마"고 했다.

최종심까지 간 끝에 소송은 졌다. 콘도도 못 막고 그는 1천만 원이 넘는 변호사비까지 치러야 했다. 하지만 마을 환경을 지켜낼 법적 약속은 받아냈다. 재판부는 "원고 주장이 억지는 아니다"라고 공감을 표시했다. 콘도 업체는 지하수를 하루 2백 톤 넘게 뽑지 말라고 판결했다. 개천이 범람하는 걸 막기 위해 콘도업체가 대형 저류지를 만들라는 조건도 달아줬다. 이철수는 "마을 주민세를 확실히 낸 셈"이라고 했다.

그와 함께 새 지저귀는 고샅길을 걸으며 마을을 둘러봤다. 밭에서 거름을 내는 노 농부가 그를 보더니 반갑게 인사를 건넨다. '장작개울'이라는 개천이 마을을 가로지른다. 겨울에도 따뜻한 물이 흐른다고 해서 붙은 이름이다. 장작개울 따라 태양광으로 켜는 안내등이 죽 늘어서 있다. 이철수가 어두워지도록 밭일 하고 돌아오는 노인들 발밑을 밝혀드리려고 달았다.

그는 도시에서 공부하다 방학에 돌아온 마을 학생들과 함께 밑그림을 그려 솟대공원도 만들었다. 장승 한 쌍도 직접 깎아 세웠다. "기름진 논밭, 넉넉한 농심, 평동대장군", "넉넉히 흐르고, 넘치지 마소서, 장작여장군"이라고 쓰여 있다. 천변엔 평동마을 유래를 설명하는 옛이야기 판과 그의 작품을 비롯한 갖가지 시도 내걸렸다. 마치 문학촌에 온 것 같다.

권오순 선생이 동요 「구슬비」에 노랫말로 붙인 동시 "송알송알 싸리잎에 은구슬······"이 눈에 띈다. 선생은 마을 초입 백운성당에서 재속(在俗) 수녀로 고아들을 돌보다 1995년에 떠났다. 이철수는 마을에 권오순 할머니 기념공원을 세우려고 준비하고 있다.

그는 대소사 다 접고 바깥나들이를 삼간다. 하지만 찾아오는 손님은 물리치지 못한다. 그보다 농사일을 더 많이 하는 아내가 손님 수발도 밝은 얼굴로 해주는 덕분이다.

이철수의 집엔 1980년대부터 법정 스님도 찾아와 묵어가곤 했다. 그의 집이 참 편하다며 올 때마다 농사일도 거들었다. 법정 스님은 이철수의 작품세계 변화를 가리켜 "투쟁 아닌 평화, 증오 아닌 사랑, 갈등 아닌 자유에 눈뜸"이라고 했다. 스님은 이철수가 전시회를 하면 들러서 작품도 가끔 사 갔다. 「소리—바람 부는 날 나뭇잎들」이라는 작품을 좋아해 산거(山居) 불일암에 걸어뒀다. 이철수는 "법정 스님이 입적한 뒤 신문에 난 불일암 사진을 보니까 내 작품이 그대로 걸려 있더라"고 했다.

그는 '기적의 도서관' 유치위원장을 맡아 제천에 전국 두 번째로 이 도서관을 들였다. 운영위원장도 지내며 도서관을 알뜰하게 꾸몄다. 국제음악영화제 같은 제천 행사 때는 로고와 글씨도 써줬다. 그는 제천(堤川)을 '언덕과 개울'로 풀었다. 산과 물이 흔한 곳. 척박하지만 풍광이 빼어나 청풍호에 유람선이 오가고 천등산에는 등산객이 몰리고 의림지 큰 소나무가 장관이다. 한말 의병을 처음 일으킨 유인석 선생의 봉양 장담 옛집은 제천 시민의 정신적 뿌리다.

이철수와 함께 '내륙의 바다' 청풍호로 갔다. 그는 호수 너머 멀리 월악에서부터 펼쳐지는 산 첩첩 풍광을 가리키며 "기막히지 않느냐"고 했다. 그는 제천에 온 것이 천만다행이라고 했다. "멀리까지 싸우자고 찾아오는 사람은 없으니까요."

그가 평장골에 왔을 때 중장년이었던 이웃들은 모두 노인이 됐다. 그도 어느덧 쉰일곱이다. 60대는 노인정에도 못 들어가고 겨울에 비닐하우스 쳐놓고 따로 지낼 만큼 마을은 늙었다. 그는 마을에 생기를 불어넣으며 남은 삶을 살 생각이다. 그가 정자 대들보에 써둔 글에 그런 마음이 담겨 있다.

　　흰 구름 떠도는 맑은 하늘 머리에 이고

너나없이 한데 어우러지는

참 좋은 사람들의 평장골에서

푸른 산 맑은 물과 함께

오래오래 복 되게

그는 영락없는 제천 사람, 평장골 농부였다.

소설가 김도연의 평창
대관령의 눈과 바람과 외로움으로 글을 쓴다

> 그리도 떠나려 했던 고향집……
> 숙명처럼 돌아와 밭 갈며 산다
> 하염없이 내리는 눈처럼 영혼과 신화가 살아 있는
> 강원도의 힘이 내 소설의 힘

 그가 지난 봄 꼬박 한 달을 갈고, 거름 주고, 씨 뿌렸던 5천 평 당근밭은 하얀 눈에 덮여 숨을 고르고 있었다. 대관령 자락 언덕배기, 소설가 김도연이 노부모와 함께 일구는 밭은 내년 봄까지 평화롭게 쉴 것이다.
 비탈진 밭 아래 키 큰 돌배나무 한 그루가 잎사귀 다 떨구고 서 있다. 그 언덕 발치 외딴집에 김도연이 산다. 강원도 평창군 진부면 소재지에서 456번 지방도를 타고 동쪽으로 8킬로미터 간 대관령면 유천리. 마을 남쪽을 가로지르는 영동고속도로 아래 굴다리를 지나자마자 좁은 외길이 끝나는 막다른 집이다. 그러지 않아도 마을에서 동떨어진 집을 고속도로가 섬처럼 갈라놓고 있다.

담도 없는 마당에 꽤 큰 비닐하우스가 서 있다. 김도연의 노모가 안에서 닭을 돌보다 웬 객인가 싶어 내다보신다. 팔순을 바라보는 부모와 김도연, 세 식구가 사는 붉은 벽돌집이 아담하게 서 있다. 김도연은 뒤꼍으로 자그맣게 창이 난 두 평 방을 쓴다. 창으로 널따란 당근 밭이 올려다 보인다. 사방 벽을 따라 책들이 그득하게 쌓여 있다. 책상 위쪽 벽엔 일본영화 〈철도원〉 포스터가 붙어 있다. 그는 "영화건 소설이건 눈만 나오면 무조건 좋다"고 했다. 거의 모든 작품에 눈을 등장시키는 그답다.

거실에서 김도연의 아버지께 인사를 드렸다. 명함을 한 번 흘긋 보시더니 별 말씀이 없다. 우리 아들이 뭐 대단하다고 이런 데까지 찾아오시나 하시는 표정이다. 김도연은 "남이 보면 싸웠나 오해할 정도로 무뚝뚝한 게 우리 집 특성"이라고 했다. 부자는 몇 마디 안 하고 지나는 날이 많고, 겸상도 하루 한번 할까 말까라고 한다. 그래서 그의 소설에 사람과 대화하는 개, 돼지, 닭이 등장하는 것인가 싶다.

살림집과 등을 맞댄 채 50년 된 두 칸 기와집이 밭쪽을 보고 앉아 있다. 세월에 뒤틀린 마루가 대관령 칼바람을 그대로 맞는다. 김도연이 마흔여섯 해 전 탯줄을 떼고 중학교 때까지 살던 옛집이다. 지금은 허드레 물건을 넣어두는 광으로 쓴다.

그는 가끔씩 마음이 어수선할 때 옛집 마당에 나와 앉는다. 그러면 금세 마음이 편안해진다. 무언가가 그를 어루만지고 위안해준다. 고향 집은 그에게 숙명인지도 모른다. 어릴 적부터 고향을 벗어나고 싶어했기에 더욱 그렇다.

 김도연은 마을 도성초등학교 다닐 때 이미 가출을 꿈꿨다. 고아가 되고 싶다는 생각까지 했다. 학교에 가면 빈자리가 부러웠다. 간혹 가출한 친구들은 터미널 2킬로미터 밖도 못 벗어난 채 이틀을 못 넘기고 붙들려 오곤 했다. 그러고는 가출한 얘기를 한 달은 떠들어댔다.

 그는 진부면에서 진부중학교를 나와 멀리 강원도 서쪽 춘천으로 유학 갔다. 다른 아이들처럼 대관령 너머 강릉으로 갔다간 주말마다 집에 와야 했기 때문이다. 다니러 오면 농사를 도와야 하는 것도 싫었다.

 자취를 하며 춘천고 다닐 때는 외로웠다. 학교 가는 길도 골목만 골라 다녔다. 중학 때까지 까불고 떠들던 아이가 성격까지 바뀌어 말수가 적어졌다. 그는 "변화 없이 고여 있는 삶이었다"고 했다. 그가 글을 쓰고 싶어진 것이 이 무렵이었다. 고3 여름방학을 원주 치악산 절에서 소설을 쓰며 보냈다.

 김도연은 1985년 강원대 불문과에 들어갔다. 마침 그 해 문학평론가 황현산과 소설가 전상국이 강원대 교수로 부임해 왔다. 그는 "두 분 스승을 모시고 문학을 배운 게 행운이고 행복이었다"고 했다. 2학년 때 처음 탈고한 소설로 '고대문화상'을 받았고, 군에 다녀온 뒤 3학년 때는 한국문학 대학생 소설 공모에도 당선했다. 그는 4학년이던 1991년 강원일보 신춘문예로 등단했다.

 이듬해 초 졸업을 앞두고 악몽이 시작됐다. 어머니가 친척 빚 보증을 잘못 서면서 생활비가 끊겼다. 그는 춘천 후평동 주물공장에 서너 달 다니다 더 나은 벌이를 찾아 아파트 공사장에서 벽돌을 날랐다. 여름엔 공사판 십장을 따라 서울 중계동 아파트 공사장까지 가서 등짐을 졌다. 어느 날 4호선 상계역에서 무심코 지하철을 타고 명동으로 나갔다. 거리는 눈부셨고 여자들은 예뻤다. 그는 제 모습이 너무 초라해 더 서 있을 수가 없었다. 내가 지금 여기서 뭐하고 있나 싶었다.

김도연은 다시 글쓰기로 돌아왔지만 고향으로 가지는 않았다. 이튿날 짐을 싸 춘천으로 내려가 소설을 썼다. 그러나 중앙 일간지 신춘문예는 도통 문을 열어주지 않았다. 누나가 수원에서 꾸리는 카페에서 먹고 자고 일 거들며 글쓰는 생활이 1997년까지 계속됐다. 그 사이 경인일보 신춘문예에도 당선했지만 작가의 길은 멀기만 했다.

그는 아버지에게 손을 벌려 타낸 1천만 원으로 1999년 춘천 강원대 앞에 탁자 넷짜리 자그마한 카페를 차렸다. 이도 장사가 안 돼 해를 넘기지 못했다. 수원 누나도 시집을 가버려 고향집 말고는 기댈 곳이 없었다.

2000년 정초 오밤중에 그는 도둑처럼 집으로 돌아왔다. 남 보기 부끄러워 이삿짐 트럭을 일부러 오후 3시에 불러 캄캄한 밤에 도착했다. 함박눈이 쏟아지고 있었다. 방금 트럭에서 부린 책 더미에 눈이 10센티미터 넘게 쌓였다.

그 후 며칠을 잠만 잤다. 아무 생각도 안 들었고, 생각하는 것도 싫었다. 봄이 오면 다시 떠나려고 짐도 풀지 않았다. 어머니는 아들 눈치를 살피며 책 묶어둔 노끈을 하루 걸러 하나씩 풀었다.

봄이 왔지만 김도연은 떠나지 못했다. 노부모가 허리 한번 펴지 못한 채 드넓은 당근 밭 가는 것을 보고 차마 떠날 수 없었다. 시골 젊은 이들은 대개 부모 삶의 절반밖에 보지 못한 상태에서 일찍 도회지로 떠나버린다. 그러나 김도연은 어쩌다 다시 돌아와 철 든 눈으로 부모의 나머지 절반을 보게 됐다.

그는 "땅에 붙들려 주저앉았다"고 했다. 봄부터 가을까지 농사를 거들며 글을 쓰는 생활이 시작됐다. 마침 진부면에 갓 생긴 도서관이 유일한 갈 곳이었다. 면소재지에 드물게 도서관이 있다는 건 큰 행운이었다. 어머니의 지청구를 귓등으로 흘리며 손바닥만한 도서관 열람실에서 초, 중학생들 틈에 끼여 소설을 썼다. 3년 전 작은 승용차를 하나 장만하기 전까지, 그는 하루 네 차례 들어오는 시내버스를 타고 진부로 나갔다. 아침에 타 온 5천 원으로 버스 삯 하고, 점심은 빵이나 라면으로 때우고, 담배 한 갑 사면 끝이었다.

아이들 틈에서 글을 쓰려니 처음엔 산만했다. 그러나 차츰 적응되면서는 오히려 집중이 잘 됐다. 혼자 앉아 있으면 게을러지기 마련이지만 곁에 다른 사람들이 있다는 게 스스로를 흐트러지지 않게 해줬다. 2층 건물 외벽에 화강암을 단정하게 댄 진부도서관은 그의 단편 「흰 등대에 갇히다」에 등장한다. 공무원시험 준비생, 사향노루 연구하는 사람, 소설 쓰는 사람. 아무도 알아주지 않지만 매일 같이 도서관에 나와 머리를 싸매는 세 사람 이야기다. 소설가는 물론 김도연 자신이다.

부모는 소설가로서 그의 삶을 이해하지 못했다. 걸핏하면 농사일을 제쳐놓고 도서관에 가는 그를 '노는 놈'으로 여겼다. 귀향한 첫해 여름, 단편 하나를 탈고했지만 보여줄 사람이 없었다. 김도연은 술에 취해 집에 들어서다 반갑게 짖는 개를 붙들고 소설을 읽어주기 시작했다. 듣던 개가 지루했던지 개집으로 들어가면 다시 끌어내기를 거듭했다.

주무시던 어머니가 나와 "너 뭐 하는 짓이냐. 잠이나 자지"라며 타박하는데도 한 편을 끝까지 다 읽어줬다. 이튿날 일어나 보니 목이 잠겨 있었다. 옷에도 개와 씨름한 자국이 남아 있었다. 개가 얼마나 혼이 났는지 그를 보더니 집으로 들어가 나오지 않았다.

그날부터 그는 집에서 키우는 소, 닭, 개, 밭에서 기르는 당근, 당귀들과 부대끼는 건 소설이 안 될까 생각했다. 그의 소설에 말하는 짐승이 등장하기 시작했다. 가축들이 물을 달라느니, 집이 춥다느니 하며 반란을 일으킨다. 얼마 전 임순례 감독이 영화로 찍은 소설 『소와 함께 여행하는 법』에 이르기까지 짐승들을 통해 현실과 꿈과 환상이 겹치는 이야기를 엮어냈다.

그는 "개에게 내 소설을 들려준 것이 나 스스로를 지하세계에서 지상세계로 끌어올린 계기가 됐다"고 했다. "잡종 개는 철이 있지만, 철이 돌아왔을 때도 그 개가 고마워서 잡아먹지 않고 3년을 같이 살았다"고 했다.

그의 작품엔 눈도 빠지지 않는다. 사람을 고립시키고 옛 기억을 불러오는 눈이다. 2000년 가을 제1회 '중앙신인문학상'에 응모한 『0시의 부에노스아이레스』에도 하염없이 눈이 내린다. 헤어진 여자가 결혼

"강원도에서는 사람이 사람을 만나 부딪치는 것보다 성황당, 귀신, 장소와 건물, 나무와 자연, 짐승들과 더 가까이 있다."

한다는 소식을 듣고 바닷가 민박집에 들어간 사내가 바다 위에 내리는 눈을 보며 환상과 기억을 한없이 되돌린다.

중앙신인문학상은 당시로는 파격적인 상금 1천만 원을 내걸었다. 알아봤더니 응모자가 신춘문예의 네 배나 된다고 했다. 또 글렀구나 싶었다. 어느 날 저녁 시골 친구들과 어울린 술자리에서 전화를 받았다. 당선 통보였다. 술잔을 쥔 손이 흔들려 술이 넘쳤다. 중앙 문단이 드디어 문을 열어주는 순간이었다. 나이 서른넷에 받은 이 상으로 그는 "비로소 정식 등단했다"고 했다.

김도연은 작년에 진부면 남대천변 양지바른 곳, 방 둘에 화장실 둘 딸린 아파트를 집필실로 얻었다. 그러나 여전히 손바닥만 한 진부도서관 열람실에 앉아야 글이 써진다. 아침 10시쯤 도서관에 나와 2층 열람실에서 저녁 6시까지 글 쓰고 책 읽는다. 지루해지면 틈틈이 집필실을 왔다 갔다 한다. 아침과 저녁은 집에서 먹고, 점심만 진부에서 때운다. 단조로운 생활이다.

정 답답하면 대관령 마루턱에 올라 오래도록 바람과 눈을 맞는다. 오대산 월정사에서 상원사 오르는 길 찻집에 앉아 나무에 쌓인 눈을 본다. 그는 "대관령은 천상 외로운 곳, 대관령 사람들은 천상 고독한 사람들"이라고 했다. "대관령은 영동도 영서도 아닌 곳"이라고 했다.

대관령 사람들은 강릉 넘어가면 '영서 촌놈', 춘천, 원주 가면 '영동 촌놈' 소리를 듣는다. 어디에도 속하지 않아 혼자서 해나가고 혼자서 살아갈 수밖에 없다. 대관령 사람들은 겨울을 알고 눈을 아는 사람들이다. 유순하지만 혹독한 추위에 단련돼 있다. 폭설이 내리면 큰 나무도 맥없이 꺾이지만 대관령 나무들은 쉽게 꺾이지 않는다. 그렇듯 대관령 사람들은 웬만한 강풍, 폭설에는 나가떨어지지 않는다.

그는 강원도를 말하면서 미국 초원을 내달리는 영양 프롱혼 얘기를 꺼냈다. 프롱혼의 천적 재규어는 멸종돼 사라졌다. 그래도 프롱혼은 여전히 시속 190킬로미터로 달린다. 재규어의 유령을 보고 도망친다. 있지도 않는 천적의 기억 때문에 달리는 짐승, 사람도 그런 게 있지 않을까. 그렇게 긴 신화가 잠재해 있는 곳은 강원도밖에 없다고 그는 말했다.

강원도에서는 사람이 사람을 만나 부딪치는 것보다 성황당, 귀신, 장소와 건물, 나무와 자연, 짐승들과 더 가까이 있다. 그래서 그는 짐승과 대화가 가능한 사람이라는 말을 듣는다. 그는 "도시에 나가면 글을 쓸 수 없을 것"이라고 했다.

김도연은 강원도를 대표하는 두 작가 김유정과 이효석에 비교되곤 한다. 두 사람은 대조적이다. 춘천 출신 김유정이 토속적이라면 평창 출신 이효석은 모던하다. 김도연은 생의 상처와 고통을 응시하면서 그것을 눈물 나는 익살로 표현한다는 점에서 김유정 같다. 이효석처럼 현실과 마술을 절묘하게 버무려내 소설로 재탄생시키는 마술적 리얼리즘을 구사한다. 김도연은 김유정과 이효석의 중간쯤이라는 평이 싫지 않은 눈치다. 그 둘을 합친 소설을 쓰고 싶어한다.

그는 흔히 '농사꾼 소설가'로 불리지만 사실 전업 작가에 더 가깝다. 한 해 농사 중에 그가 밭일을 거드는 기간이 그리 길지 않기 때문이다. 매일 농사에 매달리는 게 아니라 중간 중간 단편을 쓰고 10월부터 이듬해 3월까지 한 해 절반은 소설 쓰기에 파묻힌다.

그의 집은 주로 고랭지 채소를 경작한다. 당근, 당귀, 배추, 파·대파 중에 하나를 골라 한 해 농사를 짓는다. 농사꾼으로 가장 바쁜 철이 봄이다. 4월 한 달 안에 밭 갈고, 비료 주고 씨앗 심기까지 마쳐야 한다. 그 중에서도 꼬박 이틀 파종하는 일은 온전히 김도연 몫이다. 워낙 힘든 작업이라 팔순을 눈앞에 둔 아버지는 힘에 부치기 때문이다.

그는 따가운 봄볕에서 파종기로 밭고랑 한 줄을 밀고 갔다가 돌아와 다시 밀고 가는 단순노동을 끝도 없이 반복한다. 동력이 없는 파종기여서 팔 힘으로만 밀고 다녀야 한다. 허리 한번 펼 새도 없이 소가 밭 갈 듯 이틀 파종을 끝내면 침 맞으러 간다. 그리고 농약까지 치고 나면 그가 할 큰일은 대강 끝난다. 보름쯤 뒤 싹이 나면 솎아주는 일은 여자들 몫이다. 수확은 여름쯤 계약을 맺은 장사꾼이 일꾼들까지 데려와 알아서 뽑아 간다.

한 해 농사가 끝난 지난 가을에도 그는 아버지로부터 1백만 원을 받았다. 숙식을 부모에 기댄다곤 해도 한 해 품값으로는 터무니없다. 그래도 그는 볼멘소리를 못한다. 춘천에서 카페 한다며 털어먹은 전과 때문이다. 그는 스스로 "새경 받는 머슴"이라고 했다.

팔순이 가까운 부모는 두어 해 전부터 소설가 아들을 인정한다. 그래도 장가 좀 가라는 지청구는 계속된다. 김도연은 "세상에 가장 힘든 게 소설 쓰기인 줄 알았는데 더 힘든 게 가정 이루기더라"며 웃는다. 그는 결혼 안 하고 세상을 혼자 건너가는 건 쓸쓸한 일이라는 걸 스스로 잘 안다. "나 같은 사람은 시골 아가씨들에게 경쟁력이 없지만, 사람이 나타난다면 희생을 감수하고라도 함께 가고 싶다"고 했다. "점을 봤더니 내년쯤이면 누가 나타나 업어 간다고 하더라"며 소년처럼 웃는다.

눈이 펑펑 오는 밤, 김도연이 책 더미를 싣고 고향집에 돌아온 지도 10년이 넘었다. 그가 진부도서관 열람실에서 「흰 등대에 갇히다」를 쓸 때 초등학생이던 아이가 여대생이 돼 도서관에 나타난다. 2009년부터는 진부도서관에서 매주 한 차례 시 낭송과 독서행사를 열고 있다. '산골 도서관에서 시를 읽다'라는 프로그램이다. 그는 이 도서관과 함께 늙어갈 것이다.

김도연의 비탈밭 아래 홀로 선 스무 살 돌배나무는 봄이면 매화처럼 청아한 꽃을 피운다. 가을이면 은행나무처럼 맑은 노랑으로 단풍이 든다. 그 잎을 한나절 새 다 떨군다. 그는 키 큰 돌배나무를 닮았다.

돌배는 먹지 못하지만 대신 술을 담근다. 아무 것도 넣지 않고 소주만 부어놓으면 제 알아서 향이 우러난다. 생각만큼 독하지 않고 와인처럼 향긋해서 동네에서도 최고로 꼽는 술이다. 해마다 열 단지쯤 담가놓고 겨우내 마신다.

긴 겨울 밤, 그는 나무를 때는 보일러실로 들어간다. 아궁이 앞에 주저앉아 장작을 때면서 돌배 술을 홀짝거린다. 아궁이의 열기와 술기운으로 얼굴이 뜨거워진다. 김도연은 생각한다. 이 고향집이 지구의 막다른 절벽이라고. 그는 대관령의 눈과 바람과 외로움 속에서 그렇게 또 소설을 꿈꾼다.

화가 박대성의 경주
나는 신라왕릉 능지기,
경주의 신화에 귀기울인다

경주는 인연을 넘어 운명, 신라를 끝없이 화폭에 담는다

우리 것이 세계적이고 현대적인 것

불국사에 보름달 뜨면 심장 떨려 5분을 못 쳐다봐……

　

박대성은 신라 왕릉과 천년 솔숲을 뒷마당으로 거느리고 산다. 나직한 집 돌담 너머 키 큰 도래솔들이 푸르름으로 경애왕릉을 에워쌌다. 포석정에서 견훤의 습격을 받아 생을 마친 왕의 영혼을 하늘로 보내려고 옛 사람들이 무덤가에 심은 소나무들이다.

집 뒤 오솔길을 따라 송림을 더 들어가면 왕을 셋 모신 삼릉三陵이 있다. 사진작가 배병우가 찍어 세계를 매료시킨 소나무 숲이 신비롭도록 아름다운 곳이다. 용 비늘 같은 나무 등껍질들이 아침 안개에 잠겨 있다.

박대성은 아침마다 묵주를 들고 집을 나선다. 그리고는 경애왕릉부터 삼릉, 삼봉사, 포석정, 삼존불까지 천천히 걷는다. 걸으면서 경주가 들려주는 신화에 귀 기울인다. 돌아오는 길에는 마을 대중목욕탕에 들

어앉아 몸을 녹인다. 거기서 마을 노인들과 인사를 나누고, 사는 이야기를 주고받는다.

박대성은 스스로를 능[陵]지기라고 했다. 이렇게 복 받은 능지기도 있을까. 왕복 5킬로미터쯤 되는 산책길은 그가 이미지를 길어올리는 보고[寶庫]다. 그의 작품 열에 일곱이 경주를 담고 있다.

그가 사는 동네 이름은 배동[拜洞]이다. 옛 이름은 효자리, 배리[拜里]였다. 절을 잘하는 효자들이 모여 사는 곳이라는 유래가 있다고 한다. 고속도로 들어서는 경주 톨게이트 바로 못 미쳐 큰길에서 남쪽으로 가는 마을이다. 왕복 2차로 길로 접어들자마자 금세 동네가 호젓해진다. 2.5킬로미터쯤 가다 왼쪽 자그만 동네로 들어서면 마을 끝 막다른 골목, 남산 서쪽 자락 아래에 그의 집이 있다.

대나무 쪽문을 밀고 들어가 우거진 대나무 숲 사이로 꺾어 들면 개망초 핀 마당을 지나 비로소 작업실이 보인다. 집 들어서는 곳부터 모두 그가 세심하게 동선을 그리고 대나무를 심어 꾸몄다. 찻길에서 2백미터도 채 안 들어왔는데도 별천지 같다. 차 소리도 안 들리고 희한하게 조용하다. 남산과 솔숲이 세상 소음을 다 빨아들이는 것일까.

박대성은 작업실 통유리로 내다보이는 뜰을 정성껏 가꾼다. 자갈을 깔아 맨발로 오간다. 자그마한 연못에는 연꽃과 어리연꽃이 얼굴을 내밀었다. 못가엔 빠알간 석류꽃이 한창이다. 대밭 사이로 갖가지 석상과 괴석도 세워놓았다. 대나무로 아담한 정자를 짓고 묵은각[墨隱閣]이라고 이름 붙였다. 그 곁으로 장작불 때는 황토방 통천옥[通天屋]도 지었다.

서넛이 앉으면 꽉 찰 원형 황토방에 이름처럼 천장에 유리창을 냈다. 거기에 소나무와 매화가 동양화처럼 드리웠다.

뜰엔 꿩이 날아들고 산토끼도 드나든다. 가을이면 연못에 기러기가 내려앉아 노닌다. 집 뒤 솔숲에서는 뻐꾸기가 우짖고 고라니가 뛰어다닌다. "나이 들어 거동 불편해지면 뜰이 소재가 될 거라는 생각에서 내가 다 조경하고 꾸몄지요. 모네의 수련 정원처럼." 그는 "그래서 집은 화가에게 중요하다. 집이 삶이다"라고 했다.

박대성과 경주의 인연은 어릴 적으로 거슬러간다. 그는 1945년 경북 청도에서 한의사 집 5남 2녀의 막내로 태어났다. 그가 네 살 되던 해 빨치산들이 '반동 지주'라며 집을 습격해 아버지에게 낫을 휘둘렀다. 아버지는 그 자리에서 숨졌고 아버지 등에 업혀 있던 박대성은 왼팔 팔꿈치 아래를 잃었다.

그가 예닐곱 살 때 학교 선생님이던 맏형이 솔거 이야기를 들려줬다. 가난했지만 마당에 꼬챙이로, 삽에 숯으로 그림을 그린 끝에 경주 황룡사 벽화를 남겼다는 신라 천재 얘기였다. 일본서 공부한 형은 스물두 살이나 터울 지는 어린 동생이 팔 하나 없는 어려움을 이겨낼 길로 그림을 생각하고 있었다. 그런 형의 바람대로 그는 그리기 시작했다. 계시처럼 솔거의 신라를 찾아 경주로 오기까지 그로부터 40년이 걸렸다.

박대성은 어린 시절부터 무엇이든 따라 그리면서 그림을 손에 익혔다. 집안 병풍에 그려져 있던 사군자와 글씨를 흉내냈다. 가족과 주변 사람들이 "잘 그린다" "소질이 있다"고 칭찬해줬다. 그러나 학교에선 손 하나가 없는 아이라고 놀림을 받아야 했다. 그는 견디다 못해 중학교까지만 다녔다. 고등학교는 가고 싶지도 않았다.

그는 정규 미술교육을 받은 적도 없다. 청나라 때 동양화 화본집 『개자원화전介子園畵傳』이 오랫동안 그의 그림 선생 구실을 했다. 붓글씨는 지금까지도 마오쩌둥 서첩書帖과 추사 예서를 보며 갈고 닦는다. 벌써 스무 해 넘는 단련 끝에 서예에서도 그만의 독특한 일가一家를 이뤘다.

그는 가끔씩 배우고 싶은 스승이 있으면 무작정 찾아가 가르쳐주십사 절했다. 서예 석도륜, 동양화 이당 김은호 같은 분들이었다. 지금 같으면 아무나 가르쳐달랜다 해서 거둬주지 않을 거장들이지만 당시만 해도 예술 하겠다는 젊은이를 내치지는 않으셨다.

박대성은 "여기까지 오는 동안 이리 처박히고 저리 꼬꾸라지고 번갯불 같은 어른을 만나기도 하며 독학의 길을 걸었다"고 했다. 무엇보다 없어진 한 팔이 제일 큰 스승이었다. 심신을 혹독하게 몰아붙이며 남보다 더 그리고 더 고뇌했다. 몸을 내돌리지 않으면 정신을 시퍼렇게 벼를 수 없다고 생각했다.

그래서 그는 불편하게 살기를 자청한다. 그가 처음 배동에 와서 짓고 살던 한옥 대문엔 '불편당不便堂'이라는 편액이 지금도 걸려 있다. 대문이 낮아 머리는 물론이고 몸까지 숙여야 드나들 수 있다. 일부러 그렇게 지었다. 방문도 마찬가지이고 집 안도 천장이 낮다. 화장실도 바깥에 따로 지어 번거롭게 오갔다.

"경주 살다 보면 때때로 현실세계가 아닌 듯한 기분이 든다.
달밤이나 안개 낀 날, 집 뒤 왕릉에 나와보면 더욱 그렇다.
경주야말로 작가가 살 만한 곳이다."

그가 지금 집 마당에 지은 대나무 정자도 바닥에 둥근 대나무를 그대로 깔았다. 그와 마주앉아 얘기를 듣고 있자니 엉덩이가 배겨 금세 몸이 뒤척여진다. 여름엔 시원하겠지만 편히 앉아 쉬기엔 너무 딱딱하고 울퉁불퉁했다.

박대성은 한쪽 팔을 잃어버린 것을 두고 "있다고 되는 것 아니고, 없다고 안 되는 것 아니다"라고 했다. 그는 중국 선종禪宗 두 번째 조사祖師 혜가慧可의 단비斷臂 설화를 말했다. 선종을 연 개조開祖 달마에게 제자로 거둬 달라고 했다가 받아들여지지 않자 눈밭에 선 채로 한 팔을 베어 내 들고 있었다는 전설이다. 그는 "큰 가르침, 큰 깨달음을 얻을 수 있다면 살점쯤은 떼어줄 수 있다"고 했다. 그는 한쪽 팔을 잃음으로써 훨씬 더 많은 것을 얻었다고 생각한다.

박대성은 열일곱 살에 친척 소개로 부산으로 가 초상화가에게 그림을 배웠다. 그러나 얼마 안 가 그리 배울 게 없다는 걸 알고는 대구로 옮겨 갔다. 그를 딱하게 여긴 가족들은 다투어 일자리나 가게를 봐 주겠다고 했다. 그는 "자꾸 그러면 자살해버리겠다"고 물리치고 그림에만 몰두했다. 그는 20대였던 1970년대, 국전에서 내리 여덟 번을 수상하며 동양화단을 뒤흔들었다. 국전 한 회에 스물두 명밖에 뽑지 않던 시절이라 여간 드문 기록이 아니었다.

1974년에는 동양화의 진수를 모아놓은 대만 고궁박물관에 여섯 달 연수를 떠났다. 그를 아들처럼 아끼고 격려해주던 영남대 문리대학장 이종후가 다리를 놓고 당시 정계 유력인사가 주선했다. 참관인 자격으로 간 그는 송나라 이래 중국 고미술 작품을 하루 한 두 점씩 수장고에서 꺼내 보는 파격적 행운을 누렸다. 그는 "거의 모든 우리 화가들이 국전에만 매달려 살 때, 엄청나게 넓은 중국 미술의 스펙트럼을 접했다"고 했다. "회화의 고정관념을 깼고 내 서화관書畵觀을 열어 세웠다"고 했다.

박대성은 이듬해 서울로 근거지를 옮겼다. 그리고 세 해 만인 1979년 중앙미술대전 대상을 받으며 서울 화단의 각광을 받았다. 전통적 동양 회화에 충실하면서도 혁신적 감각을 갖춘 작가라는 평가를 받았다. 그는 지금까지 서른 차례 가깝게 개인전을 가지며 스스로 우뚝 솟았다. 마흔세 살이던 1988년엔 호암갤러리 초대를 받아 650평 공간을 작품들로 채웠다.

2000년대 중반, 샌프란시스코 미술평론가와 애호가 서른 명이 아시아미술관에 소장할 작품을 찾으러 한국에 왔다. 이들은 전국의 작업실을 돌며 화가들을 만나다 박대성의 경주 집에 와서 불국사 그림을 보고는 순회를 멈췄다. 그들은 "긴장에 숨이 막히고 가장 앞서가는 추상"이라고 감탄했다. 일행은 박대성의 대작을 한꺼번에 네 점이나 사갔다. 이 작품들은 샌프란시스코 아시안뮤지엄 벽면 하나씩을 가득 차지하고 있다.

2011년 5월엔 베이징 중심가에 있는 국립 중국미술관에서 개인전을 열어 중국으로 활동 무대를 넓혔다. 1천 호가 넘는 대작으로만 여든 점이나 들고 갔다. 중국미술관에 간 한국 화가로는 유례없이 큰 규모였다. 그는 중국 전시에서 우리 먹 그림의 진수를 보여줬다.

그의 작품은 아무리 작은 것도 1백 호가 넘는다. 박대성의 작품은 현대 한국화 대작으로는 거의 유일하게 국제 미술시장에서 제 값에 팔리고 있다. 그는 "강렬한 에너지가 천지를 뒤흔드는 수묵^{水墨}의 카오스"라는 평을 듣는다.

그러면서도 그는 언제나 뭔가 덜 채워진 듯한 허기에 져서 살았다. 1980년대 외교관계도 없던 중국 여기저기를 돌아다녔다. 우루무치부터 히말라야 넘어 실크로드를 갔다. 카슈미르·인도·중동까지 다녀왔다.

1994년엔 오래 전부터 그를 압박해온 현대미술의 정체를 찾아 뉴욕 소호로 떠났다. 아무리 책을 보고 이야기를 들어도 시원한 답이 없어 현대미술의 메카라는 뉴욕에서 살아보기로 했다. 그는 뉴욕대 근처 18번가에 2백 평쯤 되는 창고를 얻었다. 거기서 작업을 하면서 업타운에 있는 아트인스티튜트의 일년 코스에 등록했다. 이름난 화가들이 강의를 하고, 한때 김환기도 다녔다는 1백 년 명문이었다.

박대성은 처음엔 추상 강의를 듣다 수채화를 수강했다. 한 해가 다 돼가던 어느 날 수채화 수업에서 우리 먹과 붓으로 순식간에 작품을 그려냈더니 선생이 비명을 지르며 경악했다. 선생은 "붓이 어떤 것이냐. 잉크는 뭐냐"고 물어댔다. 그는 "수천 년 된 우리 것"이라고 했다. 그때 그는 비로소 깨달았다. '우리 것도 모르고 남의 것부터 찾았구나. 우리 것이 가장 세계적인 것인데.' 뇌리에 번쩍 하고 경주가 떠올랐다. 더 이상 머무를 이유가 없었다. 그날로 보따리를 싸 들고 서울로 돌아왔다.

그는 귀국한 이튿날 불국사로 내려갔다. 11월이면 수학여행 온 학생들도 뜸하려니 싶어 큰 여관에 방을 얻어 작업실로 삼으려 했다. 그런데 그때까지도 단체로 온 학생들이 많아 잠도 제대로 못 이룰 지경이었다. 거의 뜬 눈으로 날을 새고 아침 일찍 불국사로 올라갔다.

박대성은 다짜고짜 스님들을 붙들고 일 년 기거할 방 하나를 빌려달라고 사정했다. 기다려보라고 하더니, 객사에 있는 방 셋 중에 북쪽 선정실을 쓰라고 기별이 왔다. 초겨울 불국사에서 맞은 첫 밤, 방범방화조가 순찰을 돌며 방 밖으로 못 나가게 했지만 그냥 앉아 있을 수는 없었다. 대웅전 앞마당에 서니 타임머신을 타고 신라에 온 듯했다. 얼마나 흥분했던지 쉴 새 없이 소변이 마려워 화장실을 아홉 차례나 들락거렸다. 그는 "석가탑과 다보탑 사이 정중앙에 뜨는 정월 보름달은 심장이 떨려 5분을 못 쳐다보겠더라"고 했다.

이듬해 초 매운 겨울날, 함께 묵던 제자가 "불국사에 7년이나 눈이 안 왔다"는 얘기를 했다. 박대성은 "불국사 설경을 그릴 수 있으면 얼마나 좋겠냐"고 하곤 잠자리에 들었다. 새벽에 제자가 깨워서 보니 하얗게 눈이 오고 있었다. 눈은 20분 만에 그쳤고 두 시간 만에 녹아버렸다. 그 사이 정신 없이 스케치를 했다. 이런 걸 하늘이 돕는다 하는구나 싶었다.

그날의 감격은 드물게 불국사 전경全景을 다 아우른 가로 8미터, 세로 2.7미터 대작 〈불국 설경〉으로 태어났다. 〈천년 배산拜山〉이라는 작품까지 두 점이 이날 스케치에서 나왔다.

그는 일단 서울로 돌아갔다가 수시로 경주를 드나들며 살 집을 찾았다. 임시로 머무는 곳이 아니라 완전히 이사를 하고 작업실도 차려 그의 화업(畵業)에 전환점을 마련할 생각이었다. 그는 경주 교동에 자그마한 한옥 한 채를 점찍었지만 이래저래 여의치 않아 다른 집을 찾아야 했다.

안착할 집을 못 찾아 세 해를 끌며 거의 포기하던 어느 날, 배동의 깔끔한 한식집에서 점심을 먹게 됐다. 창가로 비가 부슬부슬 오는데 무언가가 그를 강렬하게 끌었다. 마을에 경애왕릉과 삼릉이 있다는 사실은 알지도 못했다. 그는 음식점 주인에게 "혹시 근방에 시골 집 나온 게 없느냐"고 물었다. "마침 있다"는 답이 돌아왔다.

당장 가봤더니 감나무 밭이 딸린 농가가 9백 평에 이르렀다. 집 바로 옆 낙락장송들이 그의 눈을 사로잡았다. 하지만 누군가 이 집을 사기로 하고 계약금을 치른 상태였다. 이 집에 한눈에 반한 그는 걸음이 떨어지지 않았다. 그는 대신 위약금까지 물어주고 농가를 사들였다. 그게 지금 그의 집이다. 죽을 때까지 이곳에서 그림을 그리겠다고 마음먹은 지 오래다.

박대성에게 경주는 신화의 동네다. 영적(靈的) 기운을 뿜어낸다. 그는 "경주 살다 보면 때때로 현실세계가 아닌 듯한 기분이 든다"고 했다. 달밤이나 안개 낀 날, 집 뒤 왕릉에 나와보면 더욱 그렇다. 그의 집이 깃들인 남산도 갖가지 이야기를 들려준다. 굳이 문화재가 아니라도 부서진 불상 파불(破佛)을 비롯한 불적(佛蹟)들이 여기저기서 옛 민초들의 삶을 말해준다.

그는 그 경주를 7백~8백 호짜리 대형 화폭에 아우른다. 달밤 포석

정도 있고, 분황사 풍경도 있다. 그가 집 뒷마당을 그린 작품에도 경주의 혼이 가득하다. 그는 요즘 성철 스님을 탐구하고 있다. 2012년 성철 탄신 1백 년을 앞두고 조계종에서 그에게 일련의 대작을 의뢰해 왔다. 그는 성철 스님 생가도 가보고 백련암에서도 자보며 큰 스님의 체취를 맡는다. 저 높은 곳에 올라앉은 고승이 아니라 대중 가까이 친근하게 존재하는 스님을 구현해볼 생각이다. 그러면서 그는 선禪과 미술 사이 아스라이 보이는 끈을 잡아보려 하고 있다.

경주는 개발이 제한돼 하늘이 넓게 보인다. 자연 그대로를 간직한 곳이 많다. 그것만으로도 작가의 창의적 기운을 북돋아준다. 불편을 감수하면서 지금의 경주를 지켜준 경주 사람들이 그는 고맙다. 그 깊은 정신이 존경스럽다. 박대성은 "경주야말로 작가가 살 만한 곳"이라고 했다.

경주시도 경주의 이름을 빛내주는 박대성에게 고마워한다. 그래서 박대성 미술관을 지어 보답하기로 했다. 세계문화엑스포공원 2천 평 부지에 들어설 지상 2층, 지하 1층 미술관엔 박대성의 작품과 소장품 5백여 점이 전시될 것이라고 한다.

그의 아호는 소산小山이다. 대성大成이라는 이름이 너무 커서 누그러뜨리라고 친척 어른이 붙여줬다. 박대성은 불국사를 지은 김대성과 이름이 같은 것만 봐도 "경주는 내게 인연을 넘어 운명"이라고 했다.

시인 김영승의 인천
바위를 뚫는 우렁찬 파도소리를 듣고 싶다

> 인천 바다는 계속 쫓겨나고 있다
> 먼우금 너른 개펄엔 신도시 송도가 신기루처럼 솟았다
> 인천은 내게 상처와 희망의 공간, 그 모든 것을 보듬는다

　　김영승은 "인천엔 바다가 없다"고 했다. 벌써 10년 전 인천의 주산主山 문학산을 깎아낸 흙으로 송도 개펄을 메우기 시작했을 때부터 하던 말이다. 그는 송도를 마주보는 연수구 동춘동 언덕배기 아파트단지에 산다. 이 동네의 옛 이름이 먼우금이다. 썰물 때면 5킬로미터 넘게 개펄을 드러내 '가도가도 끝이 없다'는 뜻이다. 이제 먼우금은 아파트 사이 길 이름으로만 남았고 그 개펄엔 송도 신도시가 신기루처럼 솟았다.

　　연안부두 횟집촌에서도 바다는 항만시설들에 가려 보이지 않았다. 맥아더 동상이 서 있는 응봉산 자락 자유공원에 올라 서쪽을 내다봐도 마찬가지다. 인천항은 이름만 섬인 월미도와 갈수록 넓어지는 연안부두 사이에 옹색하게 갇혀 있다. 인천 바다는 계속 쫓겨나고 있다. 김영

승은 "이젠 섬으로 가야 바다가 있다"고 했다.

그는 인천서 태어나 인천에 산다. 동인천역 역무원이었던 아버지는 김영승이 두 살 때 급환으로 돌아가셨다. 할아버지 할머니는 큰아들을 잃어 허전하셨던지 장남의 둘째 아들 김영승을 안성으로 데려다 키우셨다. 그 시절만 해도 전기도 안 들어오는 두메산골이었다. 그는 안성서 조부모를 부모로 알고 세 해를 살다 축현초등학교 들어가기 한 해 전 인천 집으로 돌아왔다. 어린 김영승은 처음 보는 백열전구를 입으로 불어서 끄려 했다. 안성은 그가 인천을 떠나 유일하게 살았던 곳이다.

어머니는 전기부품을 목재공장과 봉제공장에 납품하는 사업을 하다 부도를 냈다. 김영승의 한 살 아래 동생을 초등학교 5학년 때 교통사고로 잃고 난 이듬해였다. 어머니는 속옷 행상도 하고 주안에서 분식집도 몇 해 하셨다. 김영승과 가족은 내내 빚쟁이와 가난에 시달렸다. 인하대 뒤 가난한 동네 용현동의 반지하 방에 살며 10대를 보냈다. 비만 오면 질퍽거려 장화 없인 못 산다는 독쟁이고개였다.

김영승은 동산중을 거쳐 명문 제물포고에 합격했다. 1학년 때 전체의 2퍼센트, 열네 명에게 주는 우등생 표창도 받았다. 시험 보고 난 뒤마다 성적순으로 붙이는 '1백 명 족보'에도 빠지지 않았다. 하지만 빚쟁이들이 집 책장에 차압 딱지를 붙이는 어수선한 환경 속에 성적이 들쭉날쭉 요동치기 시작했다. 아버지 없이 자라 동생을 끔찍하게 잃고 가난에 허우적대던 유소년기를 김영승은 '결핍의 가족사'라고 표현했다.

그는 누가 알아주건 말건 본능적으로 읽고 썼다. 문예반 활동도 하지 않은 채 혼자서 서정抒情과는 거리가 먼 내면의 시를 쓰기 시작했다. 초현실주의에도 심취했고, 사서삼경에 당시唐詩를 비롯한 한시漢詩도 독파했다. 그가 시에 서구적 개념어와 까다로운 한자성어를 종횡무진 구사하는 문자 속이 이미 그 시절 다져지기 시작했다.

고1 때 〈현대시학〉에 모던한 시 「거리」를 실었다. 2학년 때는 다시 〈현대시학〉에 김악당金咢堂이라는 필명으로 어두운 내면을 담은 「봄」을 게재했다. 등단 전 이윤택, 최영철의 시도 같은 호에 함께 실렸다. 필명에 쓴 글자 '악'은 놀랄 악愕 자에서 심방변을 뺀 깜짝 놀랄 악 자였다. '세상이 징그러우면서도 한편 아름다워서 놀랐다'는 뜻이라고 한다.

고3 때 선생님으로부터 "너는 왜 갈수록 시들시들하냐"는 말을 듣고는 호를 어인당魚人堂이라고 붙였다. 굴원屈原의 초사楚辭에 나오는 시들 할 어茹 자를 썼다. 그는 일생에 2백 개가 넘는 아호를 썼던 추사秋史처럼 다양한 아호와 당호를 지었다.

결혼하고 유동 슬래브 집 아래층, 친척의 빈집을 빌려 살면서는 당호를 다왜당多歪堂이라고 했다. 철공소 즐비한 도원고개 막다른 골목, 이 무허가 슬래브 집은 모든 게 삐뚤어져 있었다. 골목도 지붕도 방도 문짝도 다 삐뚤삐뚤했다. 그래서 기울 왜歪를 써서 다왜당이었다.

고등학생 김영승은 계간 〈시와 의식〉에도 시와 평론을 여러 편 보냈다. 그걸 본 주간이자 발행인 소한진 선생이 "어떻게 처리할 건지 논의해보자"고 연락해 왔다. 고3 김영승을 서울 구로동 다방에서 만난 소한진은 그가 심부름 온 줄 알고 "선생님은 어디 계신가" 하고 물었다.

등단은 성균관대를 졸업하고 몇 년 뒤인 1986년 민음사 계간지 〈세계의 문학〉을 통해서였다. 그는 이 출판사가 내건 '오늘의 작가상'에 연작시 「반성」 네 편을 보냈다. 상은 강석경의 「숲속의 방」에 돌아갔지만 「반성」은 본심까지 올라간 뒤 따로 게재돼 정식으로 시인의 길을 밟게 됐다.

그가 1987년 민음사에서 낸 첫 시집 『반성』은 해체와 실험, 저항의 몸부림으로 일대 주목을 받았다. 그러나 문공부가 출판에 필요한 납본 필증을 내주지 않았다. 욕설과 야한 표현이 들어 있다는 이유였다. 문공부는 오로지 『반성』을 심의하기 위한 33명의 소위원회를 구성해 '음란 저속 청소년 유해도서'라고 규정했다. 우리 시 80년 사상 '외설'이라고 경고 조치를 받은 시집은 『반성』이 처음이었다. 김영승은 "아마도 대통령과 여성 성기를 같은 선상에서 언급한 시가 문제가 됐을 것"이라고 했다.

1989년 결혼한 뒤에는 서울 청파동에 있는 문음사라는 출판사에서 편집주간으로 일했다. 그러나 만든 책들이 영 안 팔려 눈치가 보였다. 2년 반 만에 그만둔 그곳이 생애에서 유일하게 가졌던 직장이다. 그는 1995년 동춘동에 25평짜리 임대아파트를 얻어 5년 동안 살다 분양받아 살고 있다. 김영승은 쉰세 해 평생 가난하다.

　　이곳 임대아파트로 이사온 지 내일이면 꼭 1년
　　월 175,300원 그 임대료가 벌써

두 달째 밀렸네

말렸네 나를 말렸네 피를

말렸네, 극빈

무소유보다도 찬란한 극빈

'쪽' 도 많이 팔렸구나

그래서 쪽빛藍色이 쪽빛鼈色이구나

—「극빈」일부

    그래도 그는 결코 대중에 절하지 않는다. 2001년 낸 시집 제목 『무소유보다 찬란한 극빈』처럼 세상 입맛과 타협하기를 거부한다. 시인 최정례는 김영승을 가리켜 "놀라운 투시력과 시적 재질을 지녔으면서도 모든 경제적 이념적 제도적 풍요로부터 소외당한 채 살고 있는 우리 시대의 백수"라고 했다. 그러면서 "김영승은 상처받고도 신음조차 낼 수 없거나 내기를 거부하는 사람의 편에 내내 서 있다"고 했다.

    김영승은 자동 기술記述이라 할 만큼 습관적, 본능적으로 시를 쏟아냈다. 연작「반성」은 1980년대 중반부터 1993년까지 1,302편이 이어지다 일련번호가 헷갈려서 끝냈다.「권태」는 1천 편,「희망」은 2천 편쯤 된다. "워낙 양이 많아 제목 붙이기도 힘들고 해서 번호를 붙였다"고 했다.

    그는 방대한 시들에서 개인과 정신을 뭉개는 세상에 독설과 풍자를 퍼부으며 꿋꿋하게 맞선다. 개인성이 말살된 시대의 병리(病理)를 멀미나도록 정직하게 묘사한다. 물질에 정신을 팔아버린 속인(俗人)들을 전율시켜 '반성'에 빠뜨린다.

 그의 시는 후련하다.

>미국이나 한국이나 병신 같은 것들
>연예인이 뭐라고
>그것들 일거수 일투족을 추적하고 취재하고
>처먹는 게 뭐냐
>XX 길이가 어떻게 되냐
>토크쇼를 하고
>장차 국가와 민족의 동량이 될 그 양아치 같은 애새끼들
>열광하고 기절하고
>(후략)
>
> ―「만개(滿開)한 성기(性器)」 일부

그의 시는 훈훈하다.

>연탄 장수 아저씨와 그의 두 딸이 리어카를 끌고 왔다
>아빠, 이 집은 백장이지? 금방이겠다, 뭐
>아직 소녀 티를 못 벗은 그 아이들이 연탄을 날라다 쌓고 있다

"인천은 상처이자 희망의 도시이다. 또 선악, 미추, 고저, 명암이 공존하는 독특한 도시다. 지금까지 3만 편쯤 시를 써왔지만 이젠 인천에서 나의 삶을 장편으로 써놓고 죽어야겠다."

아빠처럼 얼굴에 껌정 칠도 한 채 명랑하게 일을 하고 있다

내가 딸을 낳으면 이 얘기를 해주리라

니들은 두 장씩 날러

연탄장수 아저씨가 네 장씩 나르며 얘기했다

─「반성 100」

그의 시는 슬프다.

어릴 적의 어느 여름날

우연히 잡은 풍뎅이의 껍질엔

못으로 긁힌 듯한

깊은 상처의 아문 자국이 있었다

징그러워서

나는 그 풍뎅이를 놓아주었다

나는 이제

만신창이가 된 인간

그리하여 주†는

나를 놓아주신다

─「반성 608」

김영승은 1980년대 민중시가 한창이었을 때 그 반대편에서 전통 시 문법을 파괴한 해체시를 대표했다. 그는 이상과 김수영을 잇는 시인으로 일컬어진다. 조선일보와 동아일보가 2008년 현대시 1백 년을 맞아 각기 연재한 100대 시와 50대 시에도 작품과 이름을 올렸다.

그는 '찬란한 극빈'과 함께 1991년 출간한 시집 제목처럼 '아름다운 폐인'도 자처했다.

> 술에 취하여
> 나는 수첩에다가 뭐라고 써 놓았다
> 술이 깨니까
> 나는 그 글씨를 알아볼 수가 없었다
> 세 병쯤 소주를 마시니까
> 다시는 술 마시지 말자
> 고 써있는 그 글씨가 보였다
> ―「반성 16」

김영승은 제물포고 동창들 사이에서 '은하철도 999'로 불렸다. 1년 365일이 아니라 999일 술을 마신다고 해서 붙은 별명이었다. 독자, 대학생, 문인들도 그를 찾아올 때면 으레 술 한 병씩 들고 오곤 했다. 그런 날이면 동네 술집과 포장마차를 다 돌아야 술자리가 끝났다. 술을 마시다 보면 밥과 음식이 이물질처럼 느껴졌다. 수도꼭지 잠그듯 음식

섭취를 잠가버려 며칠씩 밥도 안 먹고 술만 마셔대다 응급실에도 여러 번 실려 갔다. 하루에 소주 열 병을 들이켜던 때도 있었다.

그는 "그렇다고 술에 탐닉한 쾌락주의자도 아니었고 술 자체나 그 분위기가 좋아서도 아니었다"고 했다. "유년의 원초적 결핍을 메우는 수단으로 술을 가까이하다 습관적으로 술에 빠졌다"고 했다. 김영승은 술에서 빠져 나와야겠다는 생각을 했다. 유동 집 당호를 혜호실과 인성헌으로 바꿔 붙였다. 혜호는 술만 마시면 죽어버리는 거미이고, 인성(存惺)은 '현재를 아껴 깨어 있으라'는 뜻이다.

2001년 가을 어느 날 대낮, 장발에 깡마른 김영승이 방에 앉아 있자니 초등학생 아들 인겸이가 학교에서 돌아와 시무룩한 표정을 지었다. 김영승이 알면서도 물었다. "아빠가 술 먹어서 그러냐?" 인겸이가 두 주먹을 얼굴에 대고 한없이 울었다. 그는 아들 보는 앞에서 집에 있던 술을 모두 싱크대에 부어버렸다. 그날부터 술을 완전히 끊기까지 여섯 달이 걸렸다.

의사 친구들이 "금단 후유증이 심각할 테니 입원부터 하라"고 했다. 그는 "무슨 독립운동 하다 술 마신 것도 아니고 내가 감당한다"고 했다. 불안과 공포에 오한이 일고 헛것이 보였다. 잘 때도 신경이 곤두서 외부 자극과 소리에 생시와 똑같이 반응하는 바람에 기력이 바닥났다. 무엇보다 밑도 끝도 없는 불안과 두려움이 컸다. "4반세기 동안 김영승이라는 오케스트라를 지휘해오던 술이 사라지자 바이올린은 '목포의 눈물'을, 첼로는 베토벤을 켜는 격이었지요." 후유증은 서서히 약해지며 2년을 끌었다.

언젠가 술자리에서 얻어맞아 다쳤던 머리의 통증도 되살아났다. 술을 마셔대던 시절에는 잊고 지내다 술에서 벗어나면서 예닐곱 시간씩 계속되는 두통에 시달렸다. 병원에 가서 뇌 사진을 찍어보니 창호지에 핏물 스며들 듯 뇌혈관이 막혀 있었다. 의사는 "뇌 세포가 회색으로 죽어가야 하는데 오히려 건강한 세포가 다친 부위를 감싸고 생성을 회복시키는 중"이라며 놀랐다. 몇 백만 분의 일쯤 되는 희귀 사례라고 했다. 그는 치료를 받으며 엄청나게 독한 약을 석 달 먹다 끊어버렸다. 고통을 맨 신경으로 이겨냈다.

김영승은 이제 머리가 맑고 시간이 많아졌다고 했다. 술 마실 땐 깨보면 여름이고, 또 깨보면 겨울이었다. 계절이 언제 바뀌는지도 모르다가 이제 계절과 함께 갈 수 있다는 것만으로도 감사하다고 했다. 술 끊은 얘기해달라고 신문 칼럼 청탁에 여성지 인터뷰 요청도 오더라며 웃었다. "화장실 갈 때 다르고, 올 때 다르다 할지 모르지만 과도한 알콜은 영혼을 파괴한다는 생각입니다." 그는 〈문학사상〉에 "내 가장 위대한 업적은 술 끊은 것"이라고 쓰기도 했다.

김영승은 "그래도 술의 오욕汚辱이 오래 가더라"고 했다. 몇 년 전 정과리와 여성 문인들과 함께 맥주집에서 문학상 뒤풀이를 했다. 어떤 소설가가 그의 자리에 와 술을 따라주길래 그는 "술 못합니다"고 했다. 몇 번 술을 권하고 몇 번 술을 거절하다 소설가는 "시인이라는 새끼가 술도 안 먹냐"고 욕을 퍼부었다. 그는 지금껏 딱 한 번 '파계破戒'

를 했다. 2006년 어머니가 돌아가셨을 때 새벽마다 울면서 몰래 사흘을 마셨다.

제물포고 동창들은 '인천의 천재 시인 김영승을 사랑하는 모임', '영사모'를 만들었다. 김영승의 당호 인성헌을 따 인터넷 카페를 열었다. 김영승 단주斷酒 1주년을 기념해 석모도로 소풍도 갔다. 그날 김영승 혼자만 놔둔 채 자기네들끼리 대취했다. 그가 2007년 여덟 번째 시집이자 첫 무無알코올 시집 『화창』을 내자 영사모는 호텔에서 성대한 출판기념회를 열었다.

그는 지난 몇 년 한 호흡으로 일사천리 써내려가는 두루마리 시, 권시卷詩를 써왔다. 2백 자 원고지 쉰 장쯤 되는 시를 벌써 2백 편 넘게 썼다. 생명을 지향하고 자아를 갱신하는 시들이다. 그 제목이 모교 동산중 교가에서 따온 「우렁찬 파도소리 바위를 뚫네」다.

그는 어두워지면 동춘동 아파트에서 소암마을로 산책을 나간다. 폐가와 축사들이 있는 퇴락한 언덕 동네를 천천히 걷는다. 언덕 아래 바다쪽 옛 해안도로 건너편에는 송도 신도시가 휘황하다. 그렇듯 인천은 낡은 것과 새것이 마주보는 도시다. 개항 관문이었기에 동서東西가 공존한다. 이북 출신이 많아 남북이 교차한다. 한국 근현대사의 중심이거나 그 중심을 통과했기에 과거와 현재도 함께한다.

김영승에게도 인천은 상처이자 희망의 공간이다. '로마처럼 불타는 도시이자 피렌체처럼 꽃피는 도시'다. 그는 "선악, 미추美醜, 고저高低, 명암이 공존하는 독특한 도시"라고 했다. 그는 결핍과 부적응의 현장 인천에서 제임스 조이스의 『더블린 사람들』처럼 구석구석 하나하나 아픈 곳을 더듬고 보듬을 생각이다. 지금까지 3만 편쯤 시를 써왔지만 이젠 인천에서 김영승의 삶을 장편으로 써놓고 죽어야겠다고 했다.

　인천은 문화예술에 있어서만큼은 서울의 위성도시를 벗어나지 못하고 있다. 2백만이 사는 광역시인데도 미술관이 없다. 그는 인천이 서울을 쳐다보며 서울의 문화에 예속되기를 자청하는 게 안타깝다고 했다. 김영승은 인천 바다에서 다시 '바위를 뚫는 우렁찬 파도소리'를 듣고 싶다.

시인 이원규의 지리산
나는 지리산에 뛰노는 한 마리 산짐승

서울살이 10년의 환멸 털고 맨몸으로 숨어든 지리산
피아골, 문수골, 칠선계곡 살며 욕심 없이 자연에 녹아든 삶이
그대로 시와 글이 된다

　지리산은 3개 도, 5개 시·군, 15개 면에 걸쳐 있다. 이원규는 지난 14년 동안 지리산 기슭에서 이사를 일곱 차례 했다. 구례, 남원, 함양, 하동을 옮겨 다녔으니 이제 산청만 남았다. 그는 "이사라기보다 지리산 아래채에서 문간방으로, 문간방에서 건넌방으로 잠자리를 바꿨을 뿐"이라고 말한다.

　그는 작년 봄부터 경상도와 전라도가 만난다는 화개장터 남쪽, 하동군 화개면 덕은리에 살고 있다. 앞이 안 보이도록 폭우가 쏟아지던 날, 마을 안 언덕 맨 끝에 서 있는 그의 집을 찾았다. 법적인 지적도(地籍圖)에 길을 물고 있지 못한 땅, 맹지(盲地)여서 숨듯 들어앉았다.

　파란 감이 비바람에 떨어져 뒹구는 마당에 서니 섬진강이 한눈에 든

다. 며느리 옷고름처럼 순하디 순하게 흐르던 섬진강은 누런 황톳물로 몸을 불려 거칠게 바다로 내달린다. 방 셋에 마루, 너른 부엌을 들인 기와집은 그가 살아온 지리산 집 중에 제일 번듯하다. 한 해 세(貰) 70만 원짜리다.

이원규는 빈집 구하기 달인이다. 우편집배원에게 김치 한 가닥에 막걸리 한잔 건네며 "그 마을 할머니 돌아가시면 알려 달라"고 부탁한다. 그 댁 초상 일을 1박2일로 거들어주곤 "그냥 두면 폐가가 되니 내게 맡겨라"며 월 몇 만 원에 빌린다.

이젠 굳이 그럴 필요도 없다. 멀리서 빨랫줄에 뭔가 걸린 것만 봐도 빈집인지 아닌지 금방 안다. 지금 집도 어느 날 강 건너 광양 매화마을 앞길에 멈춰 섰다가 그 먼 거리에서 점 찍어뒀던 집이다. 집주인이 세상을 뜬 지 얼마 안 됐다는 느낌이 전해 왔다. 반풍수가 따로 없다.

이런 집에는 대개 돌아가신 분들이 쓰던 가구도 그대로 있어서 이고 지고 이사할 필요가 없다. 맨몸만 오면 그만이다. 다른 집으로 옮겨 떠날 때도 가구들을 그대로 두고 간다. 그는 "집을 못 가지거나 안 가지거나 버림으로 해서 얻은 집과 얻은 것들이 훨씬 더 많았다"고 했다. 그만큼 몸과 마음이 가벼워 날래다는 얘기다.

대신 가장 큰 재산이 바로 오토바이다. 열한 대를 갈아치운 끝에 장거리용 중고 BMW와 산악용 스즈키를 장만했다. BMW는 먼 길 다닐 때, 산악 오토바이는 지리산 오르내릴 때 탄다. 임도 끝까지 오토바이로 갔다가 정상이나 계곡에 들면 지리산에서 하루 안에 못 다녀올 곳이 없다.

그는 계곡에서 책을 읽으면서 한나절을 보낸다. 그 골짜기를 며칠 안 보면 또 궁금해진다. 그러면 아예 야영을 하며 하룻밤을 지내기도 한다. 정상에 서서 먼 산과 사람 사는 마을을 내려다보며 시공을 초월해 하루해를 보내는 시간도 행복하다.

이원규를 찾아온 문인수 시인이 그의 집과 그가 사는 모습을 보고 시로 썼다.

그 사내는 이미 새의 종족, 지리산 아래 섬진강 가

여기 저기

세 들어 산 지 오래 되었다

지금은 경상남도 하동 땅 덕은리 언덕

맹지盲地 위의 전田 폐가에 산다

일부러 저 먼 강 건너편에서 이쪽을 건너다보고 점 찍었다는 언덕마루

이 눈먼 땅에다 저의 눈을 두기로 한 것

새가 둥지 틀 데를 고를 때 흔히 하는 객관식이다. 역시

섬진강의 필법이 잘 내려다보이는 물마루

시퍼런 물굽이와 새하얀 모래톱이 서로 부드럽게 껴안으며

태극문양을 이루는데, 저기 새들이 자주 논다

놀거나 말거나 이 마루에선

자잘한 새 발자국들 전혀 보이지 않아

> 백사장은 늘 깨끗하고 물은 계속 새것이다
>
> 그는, 강물을 찍어 백사장에다 쓴다
>
> 무리를 버린 새
>
> 무리의 울음을 좇아
>
> 오토바이를 타고 날아가는 촌철의 사내가 있다.
>
> —문인수, 「새들의 흰 이면지에 쓰다」

이원규가 오토바이에 애착을 품는 데에는 사연이 있다. 그는 1962년 경북 문경 마성면 하내리, 백두대간 아래 탄광마을에서 태어났다. 아버지를 일찍 여의고 점방을 차린 홀어머니 아래서 어렵게 컸다. 어머니는 틈만 나면 탄광 폐석 더미를 뒤져 쓸 만한 석탄을 골라 왔다. 광에 1백 자루쯤 쌓이면 한 자루 3천 원씩에 내다 팔아 아들 등록금을 댔다.

중학생 이원규는 30킬로그램도 넘는 탄자루를 지고 오는 어머니가 안쓰러워 형의 오토바이를 타고 나가 모셔오곤 했다. 험한 산길을 오토바이로 달리던 기억이 그의 유랑 본능과 맞아떨어졌다.

그는 고1 때 어머니 몰래 백화산 만덕사에 들어가 2년 넘게 행자 아닌 행자로 살았다. 일종의 가출이었다. 그때 절에 머물던 고시생 방에 있던 세계 명시선집에서 처음 시를 접했다. '이런 게 시구나' 싶었다. 1980년 신군부 시절 '법난法難' 때 군경이 절에 들이닥쳤다. 승적僧籍도 신분증도 없던 그는 맨발인 채로 묶여 집으로 끌려 내려왔다. 그러고는 검정고시를 거쳐 계명대 경제학과에 장학생으로 들어갔다.

"스스로 지리산을 찾아든 것은 한없이 추락을 자처한 내 인생의 마지막 번지점프였다. 서울살이 10년의 환멸과 권태를 단숨에 깨뜨리는 자발적 가난의 외통수, 백척간두에서 한 발을 내딛는 해방이었다."

이원규는 독서서클에서 시를 쓰기 시작했다. 이성복 시인의 국문과 강의도 얻어들었다. 이성복을 따라다니며 술도 얻어 마셨다. 1984년 〈월간문학〉과 〈시문학〉을 통해 등단한 뒤에는 휴학하고 고향 탄광에서 등록금을 벌었다. 형제 중에 혼자 대학 다닌다는 마음의 빚을 덜려고 지하 7백 미터에서 갱목을 나르고 곡괭이질을 했다. 처음 반년은 매일 코피를 쏟았다. 그런 탄부 일을 2년 넘게 계속했다.

그는 1989년 졸업 후 광산 경험을 살린 노동시를 〈창작과비평〉에 실었다. 〈실천문학〉에도 연작시 「빨치산 아내의 편지」를 연재해 '재등단' 했다. 빨치산 남편을 그리워하는 아내의 편지는 그가 아버지를 그리는 시이기도 했다.

그의 아버지는 산사람이라고 불리던 빨치산이었다. 전쟁이 끝난 뒤에도 자수하지 않고 가끔씩 집에 들러 가며 산에 숨어 살았다. 그래서 어머니가 이원규를 뱄을 때 마을 사람들로부터 손가락질을 받기도 했다. 이원규 기억 속의 아버지는 어릴 적 수염 가득한 얼굴로 머리를 쓰다듬어주던 잠깐의 장면뿐이다. 아버지는 그가 다섯 살 때 옆 마을에서 돌아가셨다.

이원규는 사노맹 기관지 〈노동해방문학〉 창작실장을 거쳐 민족문학작가회의 총무간사로 일했다. 그러다 〈중앙일보〉에 들어가 교열부 기자로 3년, 〈월간중앙〉 기자 겸 교열팀장으로 4년을 근무했다. 〈월간중앙〉 때는 빨치산 남부군 사령관 이현상의 일기와 유품을 찾는다며 일주일 동안 지리산을 헤맨 적이 있었다. 산에 대한 그리움에 목말라 있던 그는 고향 떠난 뒤 처음으로 자연 속에서 자유인이 됐다. 행자 시절 밤에 바위 위에서 자다 울부짖던 야성을 되찾은 기분이었다.

그는 애초부터 거대도시에서 직장에 매여 살 사람이 못 됐다. 어머니 마음을 편하게 해드리려고 가까스로 누르고 있던 서울살이 10년의 환멸이 1997년 어머니 돌아가시자 봇물처럼 터졌다. 그는 이헌상 취재 때 접했던 지리산을 떠올렸다. 고향보다는 아무도 아는 사람이 없는 곳, 맨몸으로 가기 좋은 곳. 깊이 들어가면 사람들이 자기를 못 찾을 곳이 지리산이었다.

이듬해 초 사표를 내고 서울역부터 갔다. 밑바닥 삶을 견뎌봐야 지리산에서 버틸 수 있다고 생각했다. 마음이 약해져서 외롭다고 지리산에서 돌아올 수도 있는 일이었다. 몇 천 원만 주머니에 넣고 일주일씩 두 차례, 서울역 지하도에서 신문지를 덮고 자며 무료 급식 줄을 섰다. 그 '훈련'을 마치고 구례행 전라선 밤기차에 올랐다. 집과 가족, 모든 걸 청산하고 신동엽창작기금에서 남긴 2백만 원만 손에 쥔 채였다.

이원규는 새벽 구례역에 내린 뒤 중고 오토바이를 80만 원에 샀다. 철물점에 들러 펜치와 장도리도 샀다. 그는 아는 스님이 비워둔 구례군 토지면 섬진강변 외딴 수행처 문을 장도리와 펜치로 따고 들어갔다. 사흘 밤낮 잠만 잤다. 깨어 보니 내가 아는 사람, 나를 아는 사람이 없다는 게 통쾌했다. 되도록 아무 것도 쓰지 않고, 아무 일도 하지 않았다. 내리 잠만 자다 일어나면 주먹밥을 싸 들고 산짐승처럼 지리산 골짜기들을 헤매고 다녔다. 그렇게 스스로를 비우고 정화했다.

그는 이듬해부터 구례 피아골 조동마을, 남원 실상사, 함양 칠선계곡 들머리, 구례 문척면 마고실마을과 문수골을 돌며 빈집이나 절방을 얻어 살았다. 한 번 이사할 때마다 시집이나 산문집을 한 권꼴로 냈다. 수박향 은어회에 막걸리 한잔, 선유동계곡에서의 알몸 목욕, 달밤의 투망질들이 자연스럽게 시가 됐다.

섬진강변 살 때 어느 비 오는 날 그는 투망을 들고 강으로 나갔다. 생전 처음 해보는 투망질이라 그물이 제대로 펴질 리 없었다. 거푸 그물을 던지고 있는데 한 사내가 소리도 없이 다가와 투망 쥐는 법부터 시범을 보여줬다. 말 못하는 옆 마을 사람이었다. 그는 고기 있는 곳, 그물 치는 곳도 손짓으로 알려줬다. 사내에게 배운 대로 달 밝은 밤 투망질을 나갔다. 그물을 펴 던질 때 물 튀는 모습이 달무리 같았다.

이웃집에 혼자 사는 할머니가 투박한 음식일망정 꼭 감잎 두 장을 곱게 덮어 집 마루에 놓아주시던 마음 씀도 그대로 글이 됐다. 할머니는 먼지 타지 말라고, 깨끗하고 정갈하게 감잎에 은어도 싸주고, 물김치도 담가주셨다. 그는 "마음의 분憤이 치유되고 차분히 가라앉으면서 시와 글이 나오더라"고 했다.

이원규는 산중에 밥상을 차리다 보면 자연스레 1식3찬, 소식小食을 하게 된다고 했다. 밥상을 마주하면 늘 보던 밥알도 더 선명하게 보인다. 산나물 반찬이 어디서 났는지도 훤하게 보인다고 했다. 돈을 벌지 않아도 쓸 일이 별로 없으니 굶어죽을 일도 없고, 군불 지피는 토방에 살다 보니 보일러 기름 값도 필요 없다. 먹을거리는 뜯어먹고 얻어먹고 살다 보니 도시 생활비 10분의 1도 안 든다.

지리산에 와서 만나 맺어진 아내 신희지와 가정을 꾸린 뒤로도 마찬가지다. 아내는 지리산 생명평화결사에서 일하는 생명운동가다. 아내가 주는 일주일 용돈 5만 원이면 담뱃값, 술값 하고도 족하다. 지리산에 온 첫 해 토굴 살 땐 남은 돈 120만 원으로 여덟 달을 먹고살았었다. 그는 스스로의 일상을 가리켜 "꽉 찬 결핍, 텅 빈 충만"이라고 표현했다.

이원규는 피아골 살면서 아호를 '피아산방'이라고 지었다. 옮겨 사는 집마다 그 이름을 내걸었다. 어차피 내 집도 아니니 '너彼와 나我 경계 없는 집'이라는 뜻이다. 그래서 그의 집엔 대문도 자물쇠도 없다. 시도 때도 없이 사람들이 찾아든다.

여름 휴가철이면 손님이 너무 많아 아예 집을 비워버린다. 그러면 먼저 오는 사람이 임자다. 누구든 강아지 밥 챙겨주고 나중에 떠나면서 청소만 잘해놓으면 된다. 지금 덕은리 집도 마루에 찻상을 내놓아 주인장 없어도 누구든 알아서들 마시고 간다.

이원규는 생명운동도 벌이며 지리산과 낙동강 2만 리를 걷고 오토바이로 전국 50만 킬로미터를 달렸다. 지리산이 좋다 보니 우리 산하가 다 좋더라고 했다. 작년 가을부터는 사라져 가는 비포장도로 2천 킬로미터를 틈틈이 오토바이로 돌고 있다. 언젠가 개발에 밀려 사라질 그 길과 고개들을 일일이 기록하고 있다.

그는 또 틈날 때마다 오토바이를 타고 남도 곳곳에 서 있는 신목神木들을 보러 다닌다. 뱀사골 와운리의 천년송을 비롯해 남해 창선의 5백 년 된 왕후박나무, 송광사 천년 쌍향수들이다. 그는 나무가 품은 천년의 기억들, 그 침묵의 소리에 귀기울인다. 나무들의 온몸에 입력된 지수화풍地水花風의 시절들을 엿본다. 어쩌다 뿌리를 베개 삼아 하룻밤이라도 잠을 자는 날이면 온몸에 수많은 나이테가 들어서는 듯하다.

이원규는 지리산을 행정구역으로 따지는 건 아무 의미가 없다고 했다. 그는 지리산 전체를 큰 마을, 생명공동체로 본다. 그런 지리산에 한때 모텔, 펜션, 찻집, 식당 바람이 불었다가 바람이 지나가고 다시 차분해졌다. 도시 간 자식들이 돌아오면 예전엔 부끄러운 일로 치더니 이젠 귀향, 귀농자가 갈수록 늘고 있다. 특히 30~40대가 많다. 진정한 행복을 고민하는 사람들이다. 그런 집이 면에 따라 30가구에서 많게는 150가구에 이른다.

그러면서 고향을 지키던 노인들도 생기를 되찾았다. 좋은 일이지만 이원규는 빈집 구하기가 점점 더 어려워진다. 조립식 주택이라도 하나 장만해야 되나 싶다.

그는 지리산이 "어설픈 도시보다 기회가 더 많은 땅"이라고 했다. 같은 돈을 벌어도 씀씀이가 적고 푸성귀는 갈아먹으니 이곳 생활이 훨씬 풍요롭다. 귀농한 사람들도 농약을 덜 치고 생태에 관심이 많다. 아토피가 상징하는 잘못된 도시의 삶에서 거꾸로 배운 새 삶의 양식樣式들이다.

그는 지리산 사는 예술인, 전문가들과 함께 2008년 지리산학교를 열었다. 시인 박남준과 복효근, 사진작가 이창수, 화가 김용희, 산악인 남난희가 모였다. 시문학, 사진, 도자기, 천연염색, 퀼트, 목공예에 산

길 걷기까지 열두 개 과에 학생이 1백 명을 넘는다. 주로 귀농자들이고 공무원과 학생도 있다. 석 달 과정에 15만 원. 변변한 교실 하나 없지만 가르치는 이도 배우는 이도 즐겁다.

이원규는 스스로 지리산을 찾아든 것을 두고 "한없는 추락을 자처한 내 인생의 마지막 번지점프"라고 했다. "서울살이 10년의 환멸과 권태를 단숨에 깨뜨리는 자발적 가난의 외통수, 백척간두에서 한 발을 내딛는 해방"이라고 했다. 그러면서도 "사실 나처럼 사는 게 가장 쉽게 사는 것"이라고 했다. "누구는 나를 보고 지리산 시인이라거나 지리산 바람의 아들이라 하지만 사실은 그저 지리산에 기대어 생의 한 철 잘 노는 한 마리 산짐승일 뿐이지요."

이원규는 적어도 일흔은 넘게 살아야 할 것 같단다. 지리산 큰 골짜기만 서른 개쯤이니 다 살아보려면 한 해 한 번 이사해도 30년은 걸리기 때문이다. 그는 "지리산에 오려거든 등산이 아니라 입산하러 오라"고 이른다. 등산은 정복과 교만, 입산은 자연과 한몸 되는 상생의 길이라 했다.

    행여 지리산에 오시려거든
    천왕봉 일출을 보러 오시라
    삼대째 내리 적선한 사람만 볼 수 있으니
    아무나 오지 마시고
    노고단 구름 바다에 빠지려면

원추리 꽃무리에 흑심을 품지 않는

이슬의 눈으로 오시라

진실로 진실로 지리산에 오려거든

섬진강 푸른 산그림자 속으로

백사장의 모래알처럼 겸허하게 오고

연하봉의 벼랑과 고사목을 보려면

툭하면 자살을 꿈꾸는 이만 반성하러 오시라

그러나 굳이 지리산에 오고 싶다면

언제 어느 곳이든 아무렇게나 오시라

그대는 나날이 변덕스럽지만

지리산은 변하면서도 언제나 첫 마음이니

행여 견딜 만하다면 제발 오지 마시라

　―「행여 지리산에 오시려거든」

소설가 전상국의 춘천
산소 같은 도시 춘천에선
누구나 자연이 된다

춘천은 산, 물, 길이 잘 어울린 곳……
고통의 시간마다 나를 위안해주는 내 삶의 영원한 오솔길
시대를 초월한 이야기꾼 김유정에 빠져 금병산과 실레마을을 누볐다

    경춘선 강촌역과 남춘천역 사이에 김유정역이 있다. 하루 열세 편 무궁화호가 서는 역사驛舍, 철로변 바람개비가 무더위에 지친 듯 꼼짝도 않는다. 그래도 코스모스는 가을을 앞서 와 피었다. 단칸방처럼 작고 소박한 대합실에는 근대 단편문학 천재 김유정의 사진과 내력이 붙어 있다. 김유정역은 우리나라에서 유일하게 사람 이름을 딴 역이다. 김유정의 고향 춘천시 신동면 증리로 들어서는 신남역이 2004년 문패를 바꿔 달았다.

    역에서 5분쯤 걸어 들어가면 실레마을이다. 금병산金屛山이 이름대로 병풍처럼 둘러친 마을이 옴팍한 떡시루, 이곳 말로 실레 같다. 행정명 증리의 '증'도 시루 증甑이다. 그 실레마을 복판에 '김유정문학촌'이 자

리잡았다.

문학촌장 전상국은 김유정 동상 옆 전시관부터 데려간다. 김유정의 짧고 가슴 아린 생애와 천재적 문학성을 신바람나게 설명하는 일흔한 살 작가의 얼굴이 소년처럼 밝다. "김유정만큼 당대 민중의 삶을 따뜻한 시선으로 밀도 있게 그린 작가도 없습니다. 진한 향토색, 배꼽 잡는 해학, 손에 잡힐 듯한 인물 묘사, 우리 말 묘미를 절묘하게 살린 언어 감각이 지금 봐도 대단합니다."

전시관 옆 뜰엔 생강나무가 가득하다. 아직 푸른 열매를 달고 있지만 까매지면 거기서 동백기름을 짜낸다. 김유정이 쓴 '동백꽃'이 바로 이 생강나무 꽃이다. 강원도 사람들은 생강나무 꽃을 동백꽃 또는 산동백이라고 불렀다. 우리 민요 〈정선아리랑〉 가사 "아우라지 뱃사공아 배 좀 건너 주게 / 싸릿골 올동박이 다 떨어진다"에 등장하는 올동박도 마찬가지다. 대중가요 〈소양강 처녀〉 2절에서도 "동백꽃 피고 지는 계절이 오면 / 돌아와 주신다고 맹세하고 떠나셨죠"라고 노래한다.

고운 향기를 내뿜는 생강나무 꽃을 김유정은 '알싸하고 향깃한 노란 동백꽃'이라고 표현했다. 남쪽나라 붉은 동백과 구분하려는 듯 그는 굳이 '노란'이라는 수식어를 달았다. 김유정문학촌에는 노란 생강나무 꽃을 시작으로 양지꽃, 제비꽃, 할미꽃에 이어 붓꽃, 꿀풀꽃, 금낭화, 매발톱이 줄줄이 피어 봄을 노래한다. 초여름엔 하얀 빛과 보랏빛 초롱꽃, 노란 기린초가 피고, 여름에는 원추리와 비비추가 한창이다. 가을이 오면 벌개미취, 산국, 감국, 구절초가 꽃 축제를 벌일 것이다.

전상국은 17년을 애쓴 끝에 2002년 실레마을에 김유정문학촌을 세우고 기꺼이 무보수 촌장으로 봉사하고 있다. 김유정역 개명도 그가 이끌어냈다. 그는 스스로를 "김유정에 미친 사람"이라고 했다. 그리고 자신의 삶을 "춘천을 떠나, 춘천을 그리다, 춘천에 돌아오기를 거듭한 과정"이라고 요약했다.

그는 강원도 홍천군 내촌면 물걸리 산골에서 태어났다. 농사도 짓고 벌목 산판도 하던 집 6남매 중에 장남이었다. 일곱 살에 읍으로 나와 자랐고 중학생 때부터 책을 많이 읽었다는 자부심을 품었던 문학소년이었다. 고등학교를 춘천고로 진학한 것이 첫 춘천행이었다. 효자동에서 3년 자취와 하숙을 했다.

전상국은 춘천고 문예반에 들어갔다. 거기서 문예반 지도선생님으로부터 "너는 글 쓰지 마라. 상상력은 좋지만 어휘력과 문장력이 부족하다"는 얘기를 들었다. 그는 큰 상처를 받고 혼자 강변에 나가 울었다. 그때 얻은 열등감은 그의 문학인생 곳곳에서 출몰하며 그를 괴롭혔다. 그는 글을 쓸 수 없다는 열등감과 글쓰는 즐거움을 추위와 더위처럼 번갈아 앓으며 문학행로를 걸었다.

그래도 전상국은 고3 때 '학원문학상'에 입상하면서 작가의 꿈을 굳혔다. 그리고 오로지 황순원이 있었기에 경희대 국문과를 택했다. "사범학교 가라"는 아버지 뜻을 거스르고 문예장학생으로 들어갔다. 그가 대학 2학년 때 원고지 일흔 장쯤 되는 단편을 하나 써서 황순원 선생께 보여드린 적이 있다.

선생님은 두 달쯤 지나 "잘 썼더구먼" 하시며 원고를 돌려주셨다. 원고에는 틀린 문장과 틀린 낱말, 어색한 표현을 연필로 일일이 고쳐놓으셨다. 역시 나는 어휘력도, 문장력도 떨어지는구나 하는 자괴감이 또 다시 밀려왔다. 그럴수록 스승께 글을 자주 보여드리고 가르침을 받아야 했지만 그 일이 있은 뒤 그러고 싶은 마음이 사라졌다. 그는 한동안 글을 쓰지 않았다.

그때 황순원이 고쳐준 작품이 두 해 뒤인 1963년 정초 조선일보 신춘문예에 당선된 「동행」의 초고였다. 거기엔 전상국이 태어난 고향 홍천과 마음의 고향 춘천이 무대로 등장한다. 춘천에서 살인을 저지른 사내가 그를 쫓는 형사와 함께 물걸리까지 가는 길에 6·25의 상처를 더듬는 여로旅路 소설이다.

그러나 소설가로 첫 발을 내디딘 「동행」 이후 그는 일생에서 가장 지독한 문학적 회의와 열등감에 빠져버렸다. 등단 직후 단편을 두 편 쓰고는 글과 담을 쌓는 고통의 10년이 이어졌다. 그는 그동안 단 한 자의 소설을 쓰지도, 읽지도 못하고 살았다.

전상국은 대학을 졸업한 뒤 원주에서 교편을 잡다 1966년부터 모교 격인 춘천중 교단에 섰다. 소설을 놓은 대신 아이들 가르치는 즐거움에 매달렸다. 착실한 남편이 되어 집에서 애들과 뒹구는 휴일을 기다리곤 했다.

하지만 욕심을 버린 그 생활에 그는 결코 만족하지 못했다. 성냥개비만 보면 조각조각 분질러대는 욕구불만이 목까지 차올랐다. 어쩌다

지방 문인들과 만나면 가슴에 무거운 구름이 끼었다. 그는 문학을 버리려고 안간힘을 썼다. 그렇게 발버둥칠수록 문학은 물 먹은 가죽 끈처럼 그를 옥죄어 들었다. 80킬로그램이던 몸무게가 58킬로그램까지 줄었다.

1972년 그는 서울로 돌아왔다. 대학 은사 조병화가 대학원에 다니라며 경희고 교사 자리를 주선해줬다. 첫 한 해는 춘천으로 돌아갈 꿈만 꾸며 속에 무언가 얹힌 듯 살았다. 그때 셋방서 함께 살았던 이가 작가 조선작이었다. 그게 자극이 돼 전상국은 1974년 다시 소설을 쓰기 시작했다. 그러면서 형벌의 10년 세월, 그 어두운 터널을 벗어났다. 신통하게도 금세 옛 체중을 회복했다. 그는 "결국 소설 쓰는 일이 나를 구원했다"고 했다. 사람은 하고 싶은 일을 해야 한다는 것을 실감했다.

1979년 전상국은 「아베의 가족」을 써내 문단에 일대 충격을 던졌다. 6·25 때 미군에게 어머니가 난행을 당해 백치 '아베'를 낳은 한 가족의 이야기다. 전쟁의 폭력성과 함께 미군의 존재를 정면으로 물어 분단소설의 새 영역을 열었다는 평가를 받았다. 이 중편으로 그는 '한국문학작가상'과 '대한민국문학상'을 받았다.

그는 어린 시절 6·25 전란 중에 사람들이 서로 죽고 죽이는 것을 목격했다. 어른들 눈에 번뜩이던 살기를 봤다. 그는 "내 안에 갇힌 전란의 악령(惡靈)을 풀어내야 했고 그 푸닥거리가 글쓰기였다"고 했다. 「아베의 가족」도 삼팔선이 지나는 춘천댐 수몰지역 사북면 인남리를 배경으로 전쟁의 몰(沒)인간성을 그렸다. 춘천에서 강 하나 건너 30~40리 들어간 마을이었다.

전상국은 고등학생 시절 이 아늑하고 아름다운 마을을 인상적으로 봤었다. 그러다 나중에 수몰됐다는 얘기를 듣고 충격을 받았다. 마을이 전란 속에 겪었을 사연도 거기 물 속에 잠겨 있을 것이라고 생각했다. 인남리는 「아베의 가족」에서 샘골마을로 다시 태어났다.

전상국은 경희대 대학원에서 김유정 문학을 공부했다. 석사 논문도 김유정 연구였다. 그러면서 김유정이 춘천 사람이라는 걸 처음 알고 부끄러웠다. 그는 1985년 강원대 교수가 돼 서울 탈출과 춘천 귀환의 오랜 꿈을 이루자마자 김유정의 흔적을 찾아나섰다.

김유정은 단편 서른 편 중 열두 편에서 고향마을을 배경으로 삼았다. 실존 인물과 실제 일들을 작품 속에 되살려놓았다. 전상국은 실레마을과 금병산 곳곳에 숨어 있는 작품 현장부터 뒤졌다. 「만무방」의 노름터, 「봄봄」의 봉필영감 마름집과 화전(火田), 「동백꽃」의 산자락, 「산골나그네」에서 들병이가 남편을 숨겨뒀던 물레방앗간 터를 찾아냈다.

김유정이 세웠던 야학 금병의숙 바로 옆엔 그가 심은 느티나무가 아름드리로 자라고 있었다. 김유정이 코다리찌개에 술을 마시던 주막터도 남아 있었다. 전상국은 김유정에게 배웠던 금병의숙 제자들을 수소문해 찾아다니며 당시 일화들을 녹취했다. 「동백꽃」 점순의 모델이 됐던 마을사람 딸도 만났다. 「봄봄」 봉필 영감은 김종필이라는 분을 극화한 인물이었다.

그는 자료를 면밀하게 뒤진 끝에 김유정이 태어난 곳은 춘천이 아니라 서울이라는 것도 밝혀냈다. 연희전문을 일 년 만에 그만둔 게 아니라 두 달 반 만에 중퇴했다는 새로운 사실도 알아냈다. 1993년에는 김유정의 생애를 소재로 실험적 장편소설 『유정의 사랑』을 썼다. 김유정을 연구하는 국문학도와 수학 강사 이야기다. 김유정에 빠진 전상국을 보며 아내는 "김유정은 총각으로 죽었지만 당신 같은 아들 둬서 좋겠수" 하고 비꼬았다.

 아무 혈육도 유품도 없는 김유정이었기에 전상국은 마을 전체를 김유정 소설 위주의 문학현장으로 꾸며보기로 했다. 실레마을 길과 금병산 등산로에 일일이 작품 이름을 붙였다. 작품 현장을 도는 서너 시간짜리 등산 코스도 개발했다.

 그는 춘천시청을 문턱이 닳도록 드나들며 시청 사람들을 설득했다. 춘천시는 그에게 10여 년을 시달린 끝에 1999년부터 문학촌 터를 사들이기 시작했다. 생가도 복원했다. 3년 뒤 전상국의 구상대로 가장 독특하고 성공적인 문학촌이 문을 열었다.

 김유정 생가와 전시관은 담으로 둘러싸였지만 전상국은 문학촌을 온 마을과 금병산까지 넓혀놓았다. 재작년부터 그는 보다 구체적으로 등장인물과 작품 이름을 합친 산책로를 만들었다. '점순이가 나를 꼬시던 동백꽃 길' '장인 입에서 할아버지 소리 나오던 봄봄 데릴사위 길' '들병이들이 넘어오던 산골나그네 길' 같은 열여섯 마당 이야기길이다. 그가 발로 뛰어 찾아낸 '김유정 이야기길'을 걸으며 한 해 20만 명이 김유정의 해학과 문향文香에 취한다.

전상국은 한 해 내내 행사들을 마련해 문학촌을 생동감 있게 꾸린다. 정기 행사들만 쳐도 3월 김유정 추모제, 4월 김유정문학제와 학술세미나, 5월 청소년문학축제, 7월 김유정문학캠프와 백일장, 10월 김유정 소설로 만나는 1930년대 삶의 체험이 이어진다.

그는 해마다 김유정 작품 속 인물을 한 명씩 골라 캐릭터 찾기 대회도 연다. 점순이와 가장 비슷한 사람을 뽑는다거나 봉필 영감만큼이나 질펀하게 욕을 잘하는 '욕필이 영감 찾기'도 했다. 「동백꽃」에서 점순이와 '나'를 이어주는 중요한 소재인 닭싸움을 재현해 토종닭싸움대회도 벌였다. 웃고 즐기며 김유정 문학의 토속적 냄새를 진하게 맡을 수 있는 이벤트들이다.

2008년엔 김유정 탄생 1백 년을 맞아 두 해에 걸쳐 학술대회부터 연극, 오페라, 인형극, 판소리, 전시에 이르는 다양한 행사를 벌였다. 거기 맞춰 춘천시가 문학촌 앞 5백 평을 사들여 저잣거리와 공연 무대를 꾸며줬다. 김유정역 주변도 새로 단장했다. 2009년엔 오래 꿈꾸던 사단법인 김유정기념사업회도 만들었다. 전상국은 금병산 자락 몇 천 평에 창작촌을 세우는 것도 구상하고 있다.

그는 "김유정문학촌에서 가장 중요한 사람들은 마을 주민"이라고 했다. "마을 사람이 문학촌의 주인이 돼 소설 속 그 시대를 복원하고 재현한다는 마음으로 꾸린다"고 했다. 주민들은 행사 때마다 즐겁게 고구마와 옥수수를 쪄내며 함께한다.

김유정문학촌에는 전국의 지자체 사람들이 찾아와 벤치마킹을 해

간다. 작품과 체험을 중심으로 한 역동적 운영 방식을 배워간다. 전상국은 "문학관 전문가가 다 됐다"며 웃는다. 그는 황순원기념사업회 이사장도 겸하며 양평 황순원문학촌 '소나기마을'을 만드는 데도 한몫했다. 그로써 스승이 베풀어준 사랑과 은혜에 작은 보답을 했다고 생각한다.

전상국은 "김유정 작품을 들여다볼수록 같은 작가로서 선망을 품지 않을 수 없다. 기가 죽는다"고 했다. 그는 김유정을 '빼어난 이야기꾼'이라고 불렀다. 당대 민중의 삶을 그만큼 애정 어린 시선으로 밀도 있게 그린 작가도 없다고 했다.

김유정은 지주의 아들이자 당대 인텔리였다. 한학漢學도 공부할 만큼 했다. 그의 수필이나 편지 글엔 한자가 나오지만 소설엔 한자가 하나도 없다. 추수는 가을걷이로, 낙엽은 떨잎, 얼굴은 낯짝으로 썼다. 인텔리 언어도 구사하지 않았다. '만무방'과 '따라지'들이 쓰던 언어를 그대로 가져다 사용했다. 만무방은 '체면도 염치도 없이 막 돼먹은 사람', 따라지는 '밑바닥 인생'을 가리킨다. 전상국은 그걸 가리켜 '문학 언어의 혁명'이라고 일컬었다.

지난 스물여섯 해, 전상국은 춘천 사람 된 즐거움을 한껏 누리고 살았다. 산에 다니며 야생화와 눈을 맞추고, 6백 평 땅에 옥수수, 감자, 채소 농사를 짓는다. 동산면 원창리 새술막 골짜기 2천 평에는 밤나무 수천 그루를 심어 가꾼다. 나무들은 그새 아름드리가 됐다. 그는 "춘천은 자연의 3대 요소인 산, 물, 길이 가장 잘 어울린 곳"이라고 했다. 그

춘천의 자연에 압도되고 감동하고 심취한다고 했다.

전상국은 글쓰기와 가르치기를 함께 해오면서 깊은 골을 넘나들 듯 회의와 고통에 빠지곤 했다. 글과 담을 쌓거나, 가르치는 일에 염증이 날 때가 많았다. 그럴 때마다 농사에 매달리거나 자연 속으로 들어가 스스로를 추슬렀다. 그는 "남의 삶 닮으려고 쫓아다니는 서울에서 살았다면 작가와 교육자, 두 일 모두 망치고 말았을 것"이라고 했다.

그는 작가 스물아홉 명이 함께 쓴 『춘천, 마음으로 찍은 풍경』에서 춘천을 이렇게 말했다. "춘천의 자연은 그냥 바라보기만 해도 위안이었다. 그것은 확실히 사람들과 밀고 당기는 탐색과 달리 온통 덧셈이었다. 두 개의 내가 완전한 화해를 하는 곳이 자연이다. 자연이 주는 감동에 충만한 마음으로 사람들을 보면서 사람을 혐오하는 염인(厭人) 증세도 사라졌다."

전상국은 김유정 되살리기가 자신의 안에 들끓는 문학 열정의 또 다른 표현이었다고 생각한다. 그러나 집짓기가 끝나면 비계는 헐리는 법. 이제 김유정의 가치가 웬만큼 세상에 알려졌으니 그는 그만 작가의 길로 돌아가고 싶어한다. 그는 춘천을 배경으로 많은 작품을 써왔지만 "나를 베껴먹지는 못했다"고 했다. 자전적 이야기를 진짜 대표작으로 써보고 싶다는 이야기다.

그가 작년부터 새삼스럽게 춘천 분지를 둘러싼 순환 등산로를 돌고 있는 것도 '나'를 되찾는 의식이다. 춘천의 진산 봉의산부터 시작해 순환코스 83킬로미터를 쪼개 한 달에 한 차례씩 이어 오른다. 산행의 즐거움에 춘천 사랑까지 확인하는, 커다란 축복의 순례길이다. 전상국은 춘천을 가리켜 "내 삶의 오솔길"이라고 했다.

화가 이왈종의 서귀포
내 뼛가루에 서귀포 흙 섞어
도자기 빚어주오

"그림만 그리다 죽겠다"
20년 전 교수 자리 버리고 혼자 짐을 쌌다
밤 바다가 호통쳤다 "적당히 실지 말아라"
맨눈에 보이지 않는 우주가 있었다

이왈종의 서귀포 작업실 통유리창에는 시커먼 새 두 마리가 그려져 있다. 꿩이며 새들이 창에 "꽈당" 하고 부딪쳐 죽는 걸 보다 못해 그가 그려놓았다. 그랬더니 그의 집에 손님으로 날아든 새들이 횡사하는 일이 뜸해졌다.

유리창엔 투명 필름도 붙였다. 코앞 바다가 몰아붙이는 바람에 유리가 남아나지 않아서다. 필름 덕분에 유리창이 깨지진 않는다. 그래도 강풍이 불 때면 필름이 힘껏 붙들어도 창이 안으로 1센티미터쯤 휘는 게 눈에 보인다.

굳이 바깥으로 돌아다니지 않아도 이왈종의 집 마당엔 서귀포의 자연과 사계[四季]가 고스란히 찾아든다. 동백, 매화, 수선화, 엉겅퀴꽃, 달개비꽃, 석류꽃, 산국…… 일년 열두 달 꽃들이 피고 진다. 먼나무, 섬쥐똥나무 같은 서귀포 유실수들이 꿩, 직박구리, 까치, 물총새를 불러들인다. 가을이면 귀뚜라미며 여치들이 시끄럽게 울어댄다. 바람도 꽃도 새도 벌레도 그에겐 모두가 화폭畵幅의 손님들이다. 그는 이 모든 걸 캔버스에 옮긴다.

5, 6년 전엔 길 잃은 수캐 한 마리가 집으로 들어왔다. 사람에 대한 경계와 혐오가 심해 처음엔 제 몸도 못 만지게 했다. 이놈이 나중에 어디서 잘생긴 암놈 발바리를 데리고 들어와 살림을 차렸다. 암놈은 새끼를 낳더니 사라졌다. 그리고 또 다른 개 한 마리가 왔다. 이왈종의 집엔 개들도 알아서 들어왔다가 알아서 떠나간다.

이왈종은 새벽 두세 시면 일어난다. 파도소리와 바로 옆 정방폭포 쏟아지는 소리, 새 소리, 벌레 소리가 잠을 깨운다. 그리고 날이 밝도록 생각한다. 무엇을 어떻게 그릴 것인가. 사실 그림 그리는 것 자체는 그리 시간이 걸리지 않는다. 작품을 구상하는 시간이 훨씬 더 길다. 20년 서귀포 삶이 그에게 허락한 가장 고통스럽고도 행복한 시간이다.

그는 경기도 화성에서 가난한 농사꾼의 아들로 태어났다. 어려서 할머니 손에 자라면서 몸이 하도 허약해 농사조차 짓지 못할 쓸모없는 아이로 쳤었다. 중학교 다니면서 미술 선생님이 좋아 미술반에 들어간 것이 화가의 길로 이어졌다. 중앙대 회화과를 나온 그는 소정 변관식 화백의 영향을 받아 생활 속 실경實景 산수를 주로 그렸다.

이왈종은 1979년부터 추계예술대에서 회화를 가르쳤다. 10년쯤 지나자 몸과 마음이 탈진했다. 건강도 많이 나빠지고 캠퍼스는 데모한다고 늘 어수선했다. 서울은 번잡하고 천박했다. 서울 살면서 늘 '이게 아닌데' 하는 생각이 떠나지 않았다.

1990년 그는 나이 마흔다섯에 교수 자리와 서울 화단에 쌓아놓은 명성을 버렸다. 깜짝 놀란 가족을 남겨두고 혼자 짐을 쌌다. 경조사나 제자 졸업미전 안 가도 덜 미안할 만큼 먼 곳을 찾다 보니 서귀포였다. 7월에 태어나 늘 추위에 약했기에 따뜻한 서귀포에선 작품도 더 잘될 것 같았다.

추사 김정희가 세한도를 그리며 고독과 설움을 삭였던 서귀포에서 그는 외로운 고행을 자청했다. "한 5년 그림만 그리다 죽겠다" 맘먹었다.

가랑비 흩뿌리는 아침, 서귀포시 남원읍 남원큰엉 바닷가 절벽 길을 걸었다. 높이 20미터 기암절벽이 성채를 두르듯 펼쳐진 위로 산책로가 나있다. '엉'은 바닷가 절벽에 뚫린 굴을 뜻한다. 산책로 중간 아래에 큰 굴 남원큰엉이 나 있다.

잔뜩 찌푸린 날인데도 툭 트인 바다와 늘 푸른 동백과 섬쥐똥나무 숲 사이를 걷자니 서귀포 공기가 맑다 못해 달다. 동백꽃은 벌써 졌다. 길가에는 새끼손톱보다 작은 보랏빛 제비꽃과 노란 등대풀꽃, 하얀 장딸기꽃이 피었다. 뭍보다 두 달쯤 빠른 개화開花다.

바로 위 제주가 춥고 바람 불 때도 서귀포는 맑고 온화한 날이 많다. 겨울 북서풍이 한라산을 만나 그 자리에서 맴도는 카르만 소용돌이 덕분이다. 습기를 머금은 공기도 서귀포에 다다르기 앞서 한라산에 막혀 비로 내려버린다.

서귀포에서 이왈종이 처음 자리잡은 곳이 남원 바닷가였다. 아파트 반지하 공간에 70평짜리 작업실을 얻었다. 그는 하루 열 몇 시간씩 그림을 그려댔다. 얼마나 외로웠던지 큰 화판에 파리 한 마리 날아가는 게 그리도 반가울 수가 없었다. 붓을 잡아도 손만 서귀포에, 마음은 서울에 있었다. 붓을 내던졌다. 서울과 가족을 잊으려고 손에 피가 나도록 돌과 나무를 쪼았다. 노동하듯 부조浮彫, 도자기, 목각에 매달렸다.

바다가 지척인 아파트여서 방에 올라가 지친 몸을 누이면 배 타고 바다에 둥둥 떠있는 듯했다. 추운 겨울 밤 조각배가 파도에 묻혀 보였다 안 보였다 하는데도 어부는 고기를 잡고 있었다. '난 뭐냐, 고작 이런 걸로 힘들다 하고 있으니.' 서귀포 바다가 그에게 '적당히 살지 말아라, 치열하게 살아라, 겸손해져라'라고 호통쳤다.

남원 아파트에서의 삶은 단조로웠다. 어쩌다 서귀포 시내에 가서 차 한 잔 하며 부드러운 음악을 들으며 갈증을 풀었다. 그 무렵 이왈종은 정권진의 심청가를 듣기 시작했다. 어떤 날은 7~8시간씩 들었다. 여자 소리꾼의 판소리는 날카로운 데 비해 정진권의 소리는 나무 부딪치는 소리처럼 낮고 듬직한 게 마음을 편안하게 가라앉혀 줬다. 그는 지금도 정진권을 들으며 심사를 가다듬는다.

아파트에서 세 해쯤 살다 남원 서쪽 보목동, 바다가 보이는 언덕으로 옮겼다. 창으로 내다보면 개천 양쪽으로 잘생긴 소나무가 늘어서 있던 주택이었다. 노송을 보고 있자면 마음이 차분해졌다. 그러나 근처에 철공소가 들어서면서 3년 만에 다시 떠나야 했다.

그는 정방폭포 옆에서 빈집 한 채를 발견했다. 60년 된 집은 하도 낡아서 손만 대면 부서질 듯했다. 서귀포 시가지에 있으면서 바다를 내려다보는 집이 한적한 게 맘에 들었다. 주인을 수소문해 연락했더니 안 팔겠다고 했다.

그는 사정한 끝에 집을 사들여 손을 봤다. 지금 사는 집이다. 옆집까지 사들여 한 채는 작업실, 한 채는 살림집으로 쓰고 있다. 작업실 바닥엔 삼나무를 깔아 그 향기가 아크릴 물감 냄새를 누그러뜨린다.

그의 집 앞으론 올레 6코스가 지나간다. 그 길 따라 5월 바닷가로 내려가면 길섶 바위에 깨알만한 꽃들이 하얗게 피어있다. 꽃을 돋보기로 들여다보고 스케치하면서 그는 먼지 속에도 무수한 시방(十方)세계가 있다는 불가(佛家) 말씀을 실감했다. 맨눈에 보이지 않는 속에 우주가 있다는 걸 깨달으며 그림에서 형식 깨뜨리기를 배웠다.

이왈종은 서울에서 실경산수를 그려 꽤 인기가 높았던 한국화가였다. 그러나 서귀포에서도 그런 작업을 할 이유가 없었다. 그는 서귀포가 이끄는 대로 살고 성정대로 그렸다. 서귀포 와서 어두운 색도 싫어졌다. 핑크빛 셔츠도 즐겨 입게 됐다. 이왈종은 "예로부터 그림에는 잡귀를 쫓는 벽사(辟邪)의 의미가 있다"고 했다. 자기 그림을 사다가 걸어두는 사람도 평안과 행복을 누리게 하고 싶었다.

그는 컴컴하고 우울한 것 대신 편안한 것과 밝은 것을 담기 시작했다. 마당에 가득한 꽃을 그렸다. 동백꽃 속에 그가 살고, 새도 달개비

꽃도 사람보다 크다. 커다란 나무에 자동차도 TV도 꽃처럼 주렁주렁 매달렸다. 작품 한쪽 위엔 꼭 물고기를 그려 넣는다. 서귀포와 바다를 상징하는 낙관인 셈이다. 서명도 꼭 '서귀포 이왈종'이라고 한다.

정방폭포 옆으로 옮겨 온 이듬해 핀크스 골프클럽 회장이 클럽에 걸 그림을 부탁했다. 3백 호짜리 세 개를 연결한 대형 작품을 그려줬더니 회장이 고맙다며 골프채를 사 왔다. 이왈종은 그때부터 골프장에 나가면서 골프마저도 그림으로 끌어들였다. 1998년 현대화랑 전시 때 골프 하는 사람을 그려 가져갔더니 "뭐 이런 걸 그려 왔느냐"는 반응이었다. 그런데 골프 그림이 제일 먼저 팔렸다. "지금 웬만한 골프장에 내 그림이 다 들어가 있을 것"이라고 했다.

그의 '물고기 낙관'은 핀크스 클럽의 로고가 됐다. 이 클럽에는 '왈종룸'도 있다. 그는 골프공에 에로틱한 춘화를 그려 넣어 공 주인이 자신이라는 걸 표시한다. 그가 OB를 내면 모두들 공을 줍겠다며 총알같이 달려간다.

이왈종의 집을 방문했을 때도 작업실에는 골퍼들이 그린 위와 주변에서 경기를 하는 대형 작품이 마무리 손길을 기다리고 있었다. 그림에는 우리 전통 오색 빛깔 화려한 꼬리를 늘어뜨린 새가 뭔가를 기뻐하듯 그린으로 날아든다. 꽃사슴도 달려온다. 2009년 제주도 사람 '바람의 아들' 양용은이 PGA 챔피언십에서 우승한 것을 축하하는 작품이다. 그러고 보니 빨간 티셔츠를 입은 골퍼는 양용은에게 패한 타이거 우즈다. 이런 세속의 뉴스도 이왈종의 그림에서는 아름다운 우화,

"작품세계를 서귀포에서 비로소 모색하고 완성했다. 서귀포 오기를 백 번 잘했다. 버렸더니 얻어지더라."

환상적인 꿈이 된다.

    그는 서귀포 와서 사람을 거의 사귀지 않았다. 하지만 바닷가 절경 속에 자리잡은 음식점 '소라의 성' 바깥 주인과는 마음을 트고 지냈다. 시도 읊고 건축 기행을 즐기는 예술애호가였다. 이 친구가 10여 년 전 고혈압으로 쓰러져 세상을 떴다. 그도 이왈종만큼이나 외롭게 살았던 지 장례식장에 도통 친구가 보이지 않았다.

    이왈종은 친구를 추모하려고 향로를 구하러 서울까지 나갔다. 하지만 마음에 드는 게 없어 작업실에 도자기 가마를 짓고 향로를 굽기 시작했다. 그 향로에 친구의 사진을 붙여놓고 49재도 지내주고 1년 동안 향불을 지폈다. 그러면서 이왈종은 도자기로 작품 영역을 넓혔다. 그는 "입체를 경험하니 회화 폭과 느낌이 깊고 다양해졌다"고 했다.

    그는 어느 신문 설문조사에서 이 시대 가장 뛰어난 인기 작가로 추천됐다. 문인들이 좋아하는 화가에 꼽히기도 했다. 그는 "작품세계를 서귀포에서 비로소 모색하고 완성했다"고 했다.

    서귀포 산 지 10년 만에 아내가 내려와 함께 살면서 생활도 훨씬 안정됐다. 서울에서 남매를 대학에 다 들여보내고 난 뒤였다. 이제 아내는 남편보다 더 서귀포의 삶을 즐긴다. 일주일에 적어도 이틀은 골프를 나간다. 이왈종은 "난 맨날 집 보고 아내가 산에 가고 골프 간다"고 했다.

    그는 서귀포가 그에게 베푼 것을 갚으려 한다. 10여 년 전부터 서귀포 평생학습센터에서 어린이들에게 미술을 가르친다. 재료도 대주고 중학교 가면 30만 원씩 장학금도 준다. 그가 중학생일 때 미술반에 들어가 화가의 길을 걷게 됐듯, 서귀포 아이들에게도 길을 열어주고 싶어 한다.

이왈종은 서귀포시가 이중섭 살던 집을 복원하고 이중섭미술관을 세울 때도 힘을 보탰다. 서울 화랑들을 찾아다니며 이중섭을 포함한 그 시대 그림 1백여 점을 이중섭미술관에 기증하도록 설득해냈다.

왼쪽으로 섶섬, 오른쪽으로 문섬이 보이는 서귀동 언덕길에 이중섭이 1951년 한 해 피란 와 지냈던 초가집이 있다. 이중섭은 한 평 반짜리 방을 얻어 아내, 두 아들과 함께 오종종 다리를 포개고 살았다. 살림이라곤 주인집에서 얻은 그릇과 수저, 이불과 된장이 다였다. 배가 고파 바닷가에 나가 게를 잡아다 먹어도 행복했다.「섶섬이 보이는 풍경」,「서귀포의 환상」,「게와 어린이」가 이때 나왔다. 이중섭에게 서귀포는 지상낙원이었다.

이중섭미술관은 2009년 9억 원을 들여 이중섭 작품 두 점을 사들였다. 지역사회로선 큰돈이었지만 서귀포 시민들은 천재화가와의 짧지만 소중한 인연을 사랑하고 자랑할 줄 안다. 이왈종은 "서귀포 사람들은 뭍사람에게 상처받은 역사가 있다. 그래서 마음을 잘 열지 않지만 알고 보면 참 순수하고 좋다"고 했다. 그는 남원 살 때 동네 사람들이 개나 돼지를 잡으면 꼭 불렀던 일을 기억한다. 그도 함께 미나리를 씻고 파를 다듬었다.

옛 서귀포의 24킬로미터 해안선을 가리키는 '서귀포 70리'는 오래

전부터 이상향理想鄕의 다른 말이었다. 월북작가 조명암이 서귀포에 반해 노랫말을 붙인 남인수 노래도 있다. 서귀포는 2006년 남제주와 합치면서 성산부터 대정까지 제주도 절반을 아우른다. 그 해안선엔 성산일출봉부터 섭지코지, 표선, 남원큰엉, 쇠소깍, 정방폭포, 천지연폭포, 외돌개, 주상절리, 중문, 용머리해안, 송악산, 모슬포, 수월봉까지 헤아리기도 힘든 명승이 늘어서 있다. 이런 서귀포에 오면 누구든 마음을 열지 않을 수 없다. 이동주는 시「서귀포」에서 "여기 오면 주름이 펴진다 / 흰머리도 검어지고"라고 했다.

이왈종은 "서귀포 살면 서울 갈 생각이 안 난다"고 했다. 서울 갈 일이라곤 가끔 외국 작가 전시회 보러 가는 것뿐이다. 택배망이 잘 돼있어서 작품하기가 웬만한 서울 변두리보다 편리하다. 그는 처음 서귀포에 왔을 때 '한 5년 맘껏 그리다 죽겠다'고 맘먹었었다. "그러니 벌써 그 네 배를 살고 있다. 마음 비우고 덤으로 산다고 생각한다"고 했다.

제주도와 서귀포는 치명적일 만큼 아름답다. 이왈종은 "올레도 좋지만 서귀포 뒷골목이 더 좋다"고 했다. "쇠소깍과 외돌개의 청록빛 물빛을 보고 있으면 자살 충동이 일어난다"고 했다. 그래서 제주도에 미친 듯 빠져들지 않으려고 제주도 풍광과 일정한 거리를 두고 산다.

그는 제주도를 쏘다니며 사진을 찍다 루게릭병에 걸려 요절한 김영갑을 기억한다. 밤새워 떨며 일출을 기다리다 한 컷 찍고, 비 오고 바람 부는 날 흠뻑 젖은 채 요동치는 제주도 보리밭을 담았던 김영갑이다. 그가 죽기 한 달 전 이왈종이 만난 김영갑은 작업실을 들인 폐교

마당에 돌담을 쌓고 있었다. 이왈종은 그가 죽을 때가 가까운 모양이라고 예감했다. 그리고 김영갑을 가리켜 "바람을 잡다 간 사람"이라고 표현했다. 그렇게 골병들 수밖에 없도록 사람을 빠져들게 하는 곳이 제주도이고 서귀포다.

그는 "서귀포 오기를 백 번 잘했다. 인생 최고의 결단이었다"고 했다. "서귀포에서 죽겠다"고도 했다. 화장한 유골에 서귀포 흙을 섞어 도자기를 빚으라고 유언할 참이다. 죽어서도 작품을 만들겠다는 뜻이라고. 서귀포 바다가 그렇게 하라 했단다. "버렸더니 얻어지더라"는 그도 이따금 집착에 빠진다. 그럴 때마다 이생진의 성산포 연작시 한 편을 읊는다.

성산포에서는
설교를 바다가 하고
목사는 바다를 듣는다
기도보다 더 잔잔한 바다
꽃보다 더 섬세한 바다
성산포에서는
사람보다 바다가 더 잘산다
―이생진, 「설교하는 바다」

소설가 조경란의 서울 봉천동
봉천동 옥탑방에서 내 소설들이 몸을 풀었다

봉천동은 내 삶이 가장 뜨겁게 지나간 자리
대학서점에서 문학 열정 키우고
관악산 기운 받으며 '나는 봉천동에 산다'

누군가 조경란에게 물었다. "정말 봉천동에 사세요?" 이 사람이 몇 년 뒤 조경란에게 다시 물었다. "아직도 봉천동 사세요?" 얼마 전 만났더니 질문이 이랬다. "언제까지 봉천동 살 거예요?" 조경란에겐 흔한 일이다.

그의 본적은 '봉천동 산1번지'다. 영등포에서 태어나 세 살 무렵 봉천동에서도 가장 높은 달동네로 왔다. 두 차례 이사해 집이 중턱으로 내려왔을 뿐 마흔두 살 지금까지 봉천동에 산다. 그는 차갑다 할 만큼 외모가 세련돼서 압구정동이나 청담동 살 것 같다는 사람이 많다. 패션잡지 인터뷰를 한 적이 있다. 그때 기자가 세 번을 물었다. "정말 봉천동 사세요?"

조경란도 누가 "어디 사느냐"고 물으면 "서울대입구역 근처에 산다"고 둘러대던 시절이 있었다. 하늘을 떠받들고 산다는 봉천(奉天)이라는 지명이 촌스러웠다. 거기에 밴 낙후와 궁핍의 이미지가 싫었다.

서울대입구역 3번 출구를 나선 네거리 한쪽 커피집에서 그를 만났다. 평일 낮, 젊은이들로 붐빈다. 그는 통유리를 두고 도로와 마주한 창가 자리에 즐겨 앉는다. 네 해 전 집을 벗어나 작업실을 얻으려다 여의치 않자 한동안 차지하고 앉아 단편을 쓰던 자리다. 오후 다섯 시에 와 밤 열한 시 문 닫을 때까지 노트북 자판을 두드렸다. 젊은 문인과 문학도들이 버스를 타고 지나다가 그를 알아보고 버스에서 내려 찾아오기도 했다.

조경란은 지금도 가끔씩 그 자리에서 글을 쓴다. 세 시간이면 단편 원고 한 편은 수정한다. 산만할 것 같아도 오히려 차분해지고 객관적이 된다. 그는 "홍대 앞이나 신촌에 가면 마음이 편치 않다"고 한다.

카페를 나서 서울대 쪽으로 걸었다. 큰길가 김밥집 앞을 지나면서 조경란이 얘기를 꺼냈다. "대입에 실패한 뒤 5년을 집에 틀어박혀 지냈어요. 집을 지어 팔던 아버지 사업이 잘돼 엄마 몰래 용돈을 꽤 많이 쥐여주시곤 했지요."

그는 용돈을 조금씩 쪼개 들고 하루 한 차례 동네 '대학서점'으로 외출해 책을 샀다. 이 작은 인문·사회과학 서점에서 문학을 향한 순수한 열망에 휩싸여 소설책부터 이론서까지 닥치는 대로 사다 읽었다. 문지 시선과 창비 시선까지 다 떼고 나니 제도권 문학교육을 받고 싶었다. 그는 노량진

입시학원을 다섯 달 다니고 스물여섯에 서울예대 문창과에 들어갔다.

대학에서 강의를 듣다 보니 거의 모든 교재와, 교수님이 언급하는 책 대부분이 이미 대학서점에서 본 것들이었다. 시 창작을 가르치던 교수님은 작가들 책 제목이 생각나지 않으면 조경란의 얼굴을 쳐다보곤 했다. 졸업을 앞둔 1996년 동아일보 신춘문예에 「불란서 안경원」이 당선돼 등단했다. 대학서점은 인생의 전환점이었다.

조경란에겐 '내 인생의 서점'이 또 하나 있다. 광화문 신문로 육교 옆에 있던 '공씨책방'이다. 그는 신대방동에서 여중을 다닌 뒤 정동의 이화여고로 진학했다. 처음 봉천동을 벗어나 접한 광화문은 그에게 '대처大處'이자 '근대近代'였다. 버스가 한강을 건널 때는 가슴이 콩닥콩닥 뛰었다. 그는 고교 세 해 내내 공부를 놓아버리고, 공씨책방에서 소설과 시집을 뒤적이며 보냈다. 문학이라는 것을 공씨책방에서 알았다.

조경란은 문예반을 원했지만 성적순으로 자르는 바람에 들어가지 못했다. 그러다 문예반을 지도하는 국어선생님 수업시간에 소설을 쓰다 들켰다. 선생님은 조경란이 쓰고 있던 서른 장짜리 장편掌篇을 압수해 갔다. 그걸 읽어본 뒤 그에게 돌려주면서 "예순 장으로 늘려보라"고 하셨다.

그 뒤로 선생님은 문예대회나 백일장이 열리면 문예반도 아닌 조경란을 꼭 데리고 다녔다. 그럴 때마다 조경란은 상을 타오곤 했다. 그는 졸업식에서 개근상과 함께 상을 하나 더 받았다. 문예대회에 자주 입상해 '학교를 빛낸 상'이었다.

네 해 전 어느 날 봉천동 대학서점은 한 줄에 1,500원 하는 김밥 체인점으로 바뀌어 있었다. 당장 가게로 들어가 김밥을 시켰다. 김밥을 들고 온 남자가 책방 주인이었다. 서로 고개를 숙인 채 아무 말도 못했다. 조경란은 "뭔가 철커덕 하고 닫히는 느낌이었다"고 한다.

그곳에서 길을 건너 서울대 쪽으로 더 올라가면 '원조기계우동'이 있다. 조경란이 20대 후반부터 드나든 단골집이다. 탁자 서넛 놓인 작은 가게, 길이 내다보이는 창가에 함께 앉았다. 3천 원짜리 우동은 전분 많이 들어간 굵은 면발을 진한 멸치국물에 말아 유부를 얹었다. 조금 촌스러운 맛이지만 그에겐 이보다 개운한 국물이 없다.

그는 밤새워 글을 쓴 뒤 산책길에 들러 국수 국물로 쓰린 속을 누이곤 했다. 주인은 "몸 상한다"고 걱정하며 달걀 프라이도 부쳐서 우동에 곁들여 주곤 했다. 어쩌다 그냥 지나치는 조경란을 보면 "조 작가" 하고 불러 세워 물 한 잔을 따라주기도 했다.

조경란이 우동집 맞은편 으리으리한 관악구 신청사를 가리켰다. "15년 전만 해도 구청 부근에서 서울대 넘어가는 길 양쪽이 다 숲이었지요." 그 시절 숲속에는 비밀스러워 보이는 한옥들이 드문드문 들어앉아 있었다. 그는 나중에 저런 곳에서 살아보고 싶다고 생각했다. 지금 그 숲에는 아파트가 숲을 이뤄 하늘을 가렸다. 그는 "아파트 주민 중에 봉천동 토박이는 열에 하나도 안 된다더라"고 했다. 20년 전부터 다니던 서울대 산책은 네 해 전에 끊었다. 봉천동은 허망하게 변해갔다.

길을 돌아 나와 네거리 건너 봉천고개 쪽으로 향했다. '살피재'라고 불렸던 옛날에는 호랑이가 나왔다는 곳이다. 아버지가 봉천동에 처음 왔을 땐 일대가 다 층층 다랑논이었다고 한다. 큰길 오른쪽, 골목 안에 있는 봉천중앙시장에 들어있다. 1백 미터도 안 되는 짧고 좁은 재래시장이다. 생선, 잡화에 오가피잎, 뽕잎, 엄나무를 파는 가게까지 있다. 서울에선 보기 드물게 토속적이다. 시들어가던 시장이 언덕 위로 아파트촌이 들어서면서 오히려 되살아났다. 저녁이면 사람들이 좁은 시장통을 가득 메워 걷기가 힘들 지경이라고 한다.

맏딸 조경란은 서너 살 때부터 어머니 손에 이끌려 중앙시장에 다녔다. 제재소가 모여 있던 곳에 1969년 중앙시장이 생겼다니 그와 동갑이다. 시장 닭집에서는 닭을 드럼통처럼 생긴 기계 안에 넣으면 타르륵 하고 털이 뽑혔다. 그 기억이 지금도 눈앞 일처럼 생생하다. 살아있는 닭을 잡는 모습, 도넛 튀기는 냄새, 시장에서 말아먹는 국숫발에서 음식에 대한 원초적 감각을 오감으로 배웠다. 학교도 다니기 전에 도넛을 만들어 두 여동생에게 먹였다.

조경란은 "나, 요리 좀 한다"고 했다. 두 동생 함 받을 때 어머니는 밥과 국만 차리고, 상은 그가 다 봤다. 한 번은 한식, 한 번은 중식으로 차려냈다. 고기 요리가 제일 자신 있다. 스스로는 생선을 좋아하지만 고기를 즐기는 식구들을 위해 요리하다 보니 그리 됐다. 영락없는 맏딸이다.

등단하고 나서 맨 먼저 한 일도 제빵학원 다니기였다. 그렇게 해서 쓴 장편 『식빵 굽는 시간』으로 제1회 '문학동네 신인작가상'을 받았다.

『식빵 굽는 시간』부터 『국자이야기』, 장편 『혀』까지 소설집마다 한 편 이상씩 들어 있는 음식 이야기의 원천이 바로 중앙시장이다.

시장 건너편 붉은 벽돌집이 다닥다닥 붙어있는 언덕길에 그의 집이 있다. 동네 초입에 한일탕이라고 쓰인 굴뚝을 세워 올린 건물이 있다. 문 닫은 대중탕이다. 꼬불꼬불한 골목을 따라 옷 수선집, 생선가게, 떡집, 세탁소가 늘어서 있다. 서울대입구역은 강남역 다음으로 유동인구가 많다는 곳이다. 그곳 요란한 대로변과 언덕 위 거대 아파트단지 사이에 조경란의 동네는 1970년대 중소도시 주택가 모습으로 끼어 있다.

동네 입구에는 언젠가부터 조선족 동포들이 들어와 살기 시작했다. 집에 들어가다 보면 중국말이 많이 들린다. 전화기를 죽 늘어놓은 중국 식품점도 생겼다. 국제전화를 거는 곳인 모양이다. 조선족 사람들이 들어오면서 골목길에 부쩍 원룸 공사도 늘고 있다.

조경란의 집에서 가까운 갈림길에 작은 가게처럼 생긴 집이 있다. 간판은 '현대슈퍼'인데 안에선 미닫이문을 열어놓고 나이 지긋한 아주머니들이 바느질을 하고 있다. 가내 봉제공장인 셈이다. 조경란은 여고생 시절 학교에 갔다가 집에 들어가기 싫으면 밤늦도록 이곳에 쭈그리고 앉아 있었다. 중학교 때 다니던 '현대미용실'도 옛날 간판 그대로다. 이 집 미용사가 단발머리를 귀밑 1센티미터까지 잘라버리는 바람에 분해서 밤잠도 못 자고 미용실을 불태워버릴 생각까지 했었다.

현대시장 쪽으로 올라가면 그의 가족이 처음 살던 봉천동 산1번지

"내 자전소설들은 봉천동에 대한 고마움의 표현이다. 지금도 봉천동을 싫어하고 봉천동 사는 것이 창피하다면 그런 얘기들을 글로 써내지도 않았을 것이다."

가 있다. 지금은 아파트가 들어서 옛집은 흔적도 없다. 산1번지 살 때 기억은 동네 아이들과 어울려 뒷산에 아카시아꽃 따먹으러 다니던 것쯤만 남았다.

조경란의 집은 출입문 셋에 반지하 방이 딸린 2층 다세대주택이다. 아버지는 아들 없이 딸만 셋을 둬서 늙어 기댈 곳이 없다고 생각했다. 그래서 노후에 세를 받아 쓸 생각으로 20년 전 이 집을 지었다. 어울리지 않게 자그마한 옥탑방도 올라앉아 있다. 조경란이 등단 때부터 13년 내내 글을 쓴 방이다. 젊을 적 아버지는 시인의 꿈을 품었다. 그래서 딸 중에 누군가 작가가 되기를 바라며 옥탑방을 올렸다. 그런 아버지도 맏딸이 옥탑방에 하도 책을 쌓아두는 바람에 천장이 무너질까 겁을 냈다.

옥탑방에서 보는 보름달은 두 배는 크고 가까웠다. 그는 자정 넘어서야 책상 앞에 앉아 글을 쓰기 시작한다. 한 번 앉으면 적어도 여섯 시간은 일어나지 않는다. 글이 안 써지면 달을 향해 기도했다. 아침 10시가 되도록 글이 안 나가면 얼굴에 난 솜털을 뽑기도 했다. 거울을 보며 제 뺨을 때린 적도 있지만 신경숙이 "네가 너를 예뻐해야 글을 쓰지"라고 해서 그만뒀다.

조경란은 육체가 시들해지면 글도 처진다는 걸 알았다. "병든 몸처럼 문장도 맥이 없고 호흡이 약해지더라"고 했다. 그래서 2002년부터는 일주일에 세 번, 가까운 남현동 명상요가센터에 다니며 요가를 배웠다. 그 뒤론 글이 막힐 때마다 명상을 한다. 그를 괴롭히던 편두통도 명상을 하면서 가셨다.

그는 때때로 창틀에 걸터앉아 망원경으로 남쪽 관악산 연주대를 봤다. 그 장엄한 산세 아래 산다는 생각에 안도했다. 봉천동의 삶을 담은 자전소설도 여럿 썼다. 「나는 봉천동에 산다」에 세 살 적부터 살아온 봉천동에 대한 애증을 이렇게 털어놓았다.

"세상에 이렇게 촌스럽고 우스꽝스러운 지명이 다 있을까. 어휴, 내 이름이 조봉천이 아닌 게 천만다행이다. 사람들은 봉천동, 하면 우선 판자촌을 떠올린다. (중략) 나는 봉천동에 사는 것이 부끄럽지는 않다. 하지만 봉천동에 산다고 말하는 것은 정말 싫었다. 그건 보여주고 싶지 않은 나와 내 가족의 궁핍을 날것 그대로 드러내버리는 느낌이기 때문이다."

조경란은 그 자전소설들이 봉천동에 대한 고마움의 표현이라고 했다. 하긴 지금도 봉천동을 싫어하고 봉천동 사는 것이 창피하다면 그런 얘기들을 글로 써내지도 않았을 것이다. 그는 아버지가 서울의 꽃이 되라고 지어 준 이름 '경란京蘭'도 촌스럽고 싫었다. 하지만 이젠 아니다.

그가 집 이층을 향해 "엄마" 하고 소리쳐 부른다. 어머니가 곧바로 이층 창문을 열고 내다본다. 조경란이 "손님 모시고 왔어" 하고 인사를 시킨다. 어머니는 맏딸을 "조 작가"라고 부른다. 재작년에는 문화관광부가 주는 예술가의 '장한 어머니상'도 받았다. 아버지도 딸이 동아일보 신춘문예로 등단하자 그 새해 첫 신문을 들고 고향에 가 친척 친구들에게 보이며 자랑했다. 아버지는 무뚝뚝한 분이지만 지금도 밥 먹을 땐 생선살을 발라내 딸의 밥그릇에 넣어주신다.

조경란은 어머니가 장한 어머니상을 받은 날 부모님 모시고 동네 노래방에 갔다. 그날 생전 처음 부모님 앞에서 마이크를 잡았다. 그의 십팔번은 김수희의 진한 노래 〈멍에〉다. 그는 효도했다는 생각에 뿌듯했다. "슬픔이 끼어들 수 없는 한 시간이었다"고 했다.

네 해 전 그는 옥탑방과 봉천동을 벗어나 작업실을 마련해야겠다고 맘먹었다. 봄으로 접어들면서 그간 미뤄 왔던 장편소설에 본격적으로 매달리려던 참이었다. 막내 동생이 해산한 뒤 갓난아기를 안고 그가 사는 친정집에 들어왔다. 이미 두 살 된 조카아이도 와 있었는데…….

조경란은 노량진과 신림동 고시촌을 헤매며 작업실을 찾았다. 그런데 작은 평수의 오피스텔도 소설만 써온 그로선 도저히 감당할 수 없는 값이었다. 그나마 옥탑방보다 딱히 넓어 보이지도 않는 공간이었다. 그는 풀이 죽은 채 도로 주저앉고 말았다. 그러다 일층에 세 들어 살던 사람이 나가면서 방 하나가 비었다. 못 이기는 척 어머니를 따라 들어가 구경했더니 뜻밖에 공간이 쏠쏠했다.

조경란이 집 오른쪽 쪽문을 열고 일층 작업실로 안내했다. 작은 부엌과 화장실이 딸린 길쭉한 공간이 예닐곱 평은 돼 보인다. 문 열고 들어서는 통로 벽부터 책장이 점령했다. 1만 권은 족히 돼 보이는 책이 방안 3면 책장에도 꽉 차 있다.

책 꽂아둔 모양새가 한 점 흐트러짐이 없을 뿐 아니라 꼼꼼하게 분류돼 있다. 책상에서 가장 가까운 곳에 시집을 모아 뒀고 소설책은 작가별로 꽂아놓았다. 바닥에도 책이 몇 권 쌓여 있다. 그는 책을 사 오면 우선 바닥에 둔다. 그러고는 한 권 한 권 읽을 때마다 책장에 꽂는다. 책장의 책은 모두 읽은 책이라는 얘기다.

이 방 앞에서도 관악은 보이지만 이젠 수십 층 주상복합 건물들이 연주대를 가려버렸다. 재개발 아파트들과 상가들은 집을 향해 점점 더 전선을 좁혀오고 있다. 그래서 요즘은 부쩍 마음이 편치 않다.

2008년 5월 그는 출판사 주선으로 네덜란드와 벨기에로 인터뷰 여행을 다녀왔다. 집에 돌아와 보니 건강보험공단으로부터 엽서가 한 장와 있었다. '생애 전환기'를 맞은 1969년생에게 무료 검진을 해준다는 안내문이었다. 그런데 주소가 이상했다. 봉천10동이 아니라 '중앙동'이었다. 나가 있는 사이 봉천본동과 봉천1~11동이 행운동, 성현동, 청룡동, 온천동 식으로 이름이 모조리 바뀌어 있었다. 촌스럽고 달동네 냄새 나는 '봉천'이 싫다는 주민 뜻에 따른 것이라고 했다.

엽서에 쓰인 '마흔 살, 생애 전환기'라는 글귀와 '중앙동'이라는 이름이 그에게 묘한 상실감을 안겼다. 그 뒤로 택시를 타면 부러 "중앙동 가자"고 해본다. 기사들은 열이면 열 "어디요?" 하고 되묻는다. 결국 "봉천동"을 댄다.

조경란에게 봉천동은 '내 삶이 가장 뜨겁게 지나간 자리'다. 다른 곳에서는 글이 써지지 않는다. 어디에 떠나 있건 언제나 돌아올 생각부터 한다. 그의 집 대문 한쪽 우편함에는 아직도 '서울시 관악구 봉천 10동……' 이라고 쓰여 있었다.

소설가 정찬주의 화순
내 스승은 화순의 순한 자연과 사람들

겹겹 인연 쌍봉사에 이끌려 내 스스로를 유배시켰다

법정스님 가르침 잊지 않고 저잣거리 물들지 않으려

솔바람에 귀 씻으며 산다

3층 탑으로 솟은 화순 쌍봉사 대웅전 앞에 안내판 두 개가 나란히 서 있다. 하나는 '법주사 팔상전과 함께 우리나라에 둘밖에 없는 탑 모양 전각'이라고 짧고 덤덤하게 쓰여 있다. 문화재청에서 내건 것이다. 그 옆 안내문은 대웅전 목조삼존불상을 얼굴 선, 옷 주름까지 살피며 세 불상의 가치와 아름다움을 알린다. 해박한 불교 지식과 부드러운 글투가 돋보인다. 27년 전 불이 난 대웅전에서 불상을 차례로 업고 나와 구한 농부의 '장한 마음과 용기'도 기린다. 소설가 정찬주가 쓴 글이다.

정찬주는 지장전 목조상 안내문도 썼다. 범종각엔 그가 쌍봉사 종소리에 싣는 축원문 '지금 바로 행복하여지이다'가 걸려 있다. 그는 쌍봉사가 코앞에 내려다보이는 길 건너 계당산 자락에 산다. "쌍봉사와의 인연은 금생^{今生}에 겹겹일 뿐 아니라 전생에도 있었을 것"이라고 했다.

천년 고찰 쌍봉사는 그의 할머니가 고향 보성 복내면에서 쌀을 이고 와 불공을 드리던 절이다. 절 인근 쌍봉마을은 그의 15대조인 호남 명현^{名賢} 정여해 때부터 터 잡고 산 하동 정씨 집성촌이다. 재 너머 보성 복내는 고조 때 옮겨 가 살아온 곳이다. 절과 이름을 함께하는 쌍봉마을이 그의 본향^{本鄕}인 셈이다. 그가 70년대 대학 시절 소설을 쓰러 수시로 내려와 묵던 곳도 쌍봉사다.

정찬주는 6·25 전쟁 중에 보성 복내에서 태어났다. 백일 때 아버지를 따라 제주도와 부산으로 가 살다가 아버지가 전남에서 소방행정공무원으로 일하게 되자 초등학교 때부터 광주에 살았다. 그가 문학에 눈 뜬 건 중학생 시절이었다. 미술이 좋아 미술반에 들었던 그가 교내 백일장에 시를 써냈다가 덜컥 장원이 됐다. 그때부터 그는 '내게 이런 재주가 있나 보다' 싶었다.

중학 2학년 때엔 집 작은방에 전집 외판을 하는 아저씨가 세 들어왔다. 아저씨는 정찬주에게 "책에 손때 묻히지 말고 깨끗하게만 보라"며 새 책을 맘껏 읽게 해줬다. 세계문학전집부터 단편문학전집, 흑인 문학에 이르기까지 지금 생각해도 엄청나게 읽어댔다. 이때 독서가 두고두고 그의 문학에 커다란 자양분이 됐다.

큰아들이었던 그는 일찍 취직하고 싶어 아버지 뜻과 달리 광주공고로 진학했다. 한전이 최고 직장으로 꼽히던 시절이어서 전기과를 택했다. 그런데 막상 가고 보니 적성이 맞지 않았다. 서울대 사대 국어교육과를 나온 담임선생님이 우연히 그가 쓴 글을 보고는 "인문계 가지 그 랬느냐"며 꿀밤을 먹었다. 이 일도 그에겐 또 하나의 문학적 자극이 됐다. 시집을 읽어댔고 카뮈와 사르트르의 실존주의에 빠졌다. 대학에 진학하기 위해 실습을 나가는 공고 3학년 때, 각오를 단단히 하고 야간고등학교로 전학을 갔다. 결국 몇 개월 만에 그는 동국대 국문과에 들어갔다.

대학 시절 어수선한 시국 속에 걸핏하면 휴강과 휴교가 이어졌다. 처음엔 그 역시 데모대 앞줄에 서기도 했다. 하지만 시간이 지나면서 되도록 삼갔다. 넉넉지 않은 형편에 서울로 유학 보내준 부모님 얼굴이 생각나서였다. 그는 휴교나 방학 때면 모포 하나 싸 들고 쌍봉사를 찾아 원고지에 머리를 파묻곤 했다.

그때만 해도 쇠락한 절을 혼자 지키던 주지 스님은 보름에서 한 달씩 그를 기꺼이 먹이고 재워줬다. 그렇게 자연스레 불문佛門에 들었고 신심信心도 깊어갔다. '나중에 좋은 소설가가 되면 불사佛事로 쌍봉사를 일으켜 절밥 얻어먹은 빚을 갚겠다'고 맘먹었다.

대학 4학년 때 그 스님에게서 편지가 왔다.

나 이제 생사를 끝내려하오. 我今終生死
도는 얻은 것도 잃은 것도 없는데 道得道失度
과거는 온 데 간 데 없고 過去無來處
바다 빛은 절로 푸르디푸르오. 海光自靑靑

오언절구 한시(五言絶句 漢詩)였다. 정찬주는 스님이 절을 떠나 산으로 들어간 모양이구나 생각했다. 졸업하고 서울 상명여대부속여고에서 국어교사를 하던 1년 뒤에야 스님이 강화도 절벽에서 뛰어내렸다는 소식을 들었다. 스님은 아마 구도의 한계에 부딪쳤던 것 같았다. 스님 편지는 절명시(絶命詩)였던 셈이다.

마침 조계종이 월간 〈불교사상〉을 낸다고 해서 그는 학교에 사표를 냈다. 불교와 쌍봉사 주지스님에게 진 묵은 빚을 갚을 기회라 여기고 1981년 〈불교사상〉에 들어갔다. 월급이 교사 때보다 훨씬 못해 생활은 어려웠지만 재미가 나 정신없이 일했다. 잠잘 때만 빼고 2년을 온전히 잡지 만들고 경전 읽으면서 불교 공부가 깊어졌다. 그는 1984년 샘터사에 있던 대학 선배 정채봉에게 이끌려 일터를 옮겼다.

정찬주는 1982년 소설 「유다학사」로 한국문학 신인상을 받아 등단했다. 하지만 불교사상과 샘터사에서 책과 잡지 만드는 데 빠져 단편만 이따금 발표했다. 그러던 1991년 암자 순례에 나섰다. 그는 절이 갈수록 관광지처럼 세속화하고 수행공간에까지 상업적인 그림자가 드리우는 것이 싫었다. 그래서 청정(淸淨) 공간으로 남은 암자에 눈길이 갔다.

그는 "암자란 불교도뿐 아니라 등산객이 물 한 모금 마시러 들르는 곳, 샘물 한 모금에 힘을 얻는 곳"이라고 했다. "예전에는 노승들이 길 잃은 길손을 거둬 삶에 대한 깨우침을 줬던 곳이자 구도자의 마지막 회향처(回向處)"라고 했다. 그는 10년 동안 암자 4백 곳을 돌았다. 실망스러운 암자도 많이 다닌 곳 중에서 2백 곳을 골라 기행문 네 권으로 엮어냈다.

1994년엔 만해 한용운의 삶을 담은 첫 장편 『만행』을 냈다. 이후 경봉, 지장, 일타에 이르는 여러 고승 이야기를 소설로 썼다. 그 중에 1998년 출간한 성철 스님 일대기 『산은 산, 물은 물』이 베스트셀러가 되면서 '불교 작가'로 이름을 높였다.

정찬주에게 서울을 떠날 수 있는 경제적 여유를 안겨준 『산은 산, 물은 물』도 불가의 인연이 얽혀 있다. 그는 1990년대 초반 휴가 때 가족과 함께 해인사를 찾았다. 성철 스님을 뵈려 했더니 먼저 3천 배를 하라는 답이 돌아왔다. 초보자가 하려면 여덟 시간은 족히 걸리는 게 3천 배다. 그는 가족을 두고 혼자 3천 배를 하기가 거북해 포기했다. 대구로 나가려고 시외버스를 기다리자니 어떤 스님이 승용차를 몰고 지나다 태워주겠다고 했다. 그때 차편 신세를 진 스님이 나중에 알고 보니 성철 스님의 상좌 원택 스님이었다.

그 일이 있고 3년쯤 뒤 원택 스님에게서 연락이 왔다. 돌아가신 성철 스님의 일대기를 써보지 않겠냐는 제의였다. 정찬주는 "소재는 욕심나지만 내가 쓸 수 있을지 모르겠다"며 일주일 말미를 달라고 했다. 그러고는 곰곰 생각해봤다. 성철 스님 상좌에게 승용차 얻어 탄 것과 소설 제의를 받은 것도 인연이구나 싶었다. 그러자 마음에 불이 일었다. '그때 해인사에서 3천 배를 못했으니 원고지 3천 장을 쓰는 것으로 3천 배를 대신하면 못할 것도 없겠다'는 생각이 들었다. 그는 한 장 한 장을 일 배 일 배 하듯 써나갔다. 취재와 집필, 퇴고까지 5년이 걸렸다. 그렇게 해서 『산은 산, 물은 물』이 태어났다.

그는 인도에 반해 몇 차례를 다녀왔다. 거기서 브라만 계급 귀족들이 쉰을 넘어 사회적 의무 다하고 자식도 다 키우면 숲으로 들어가 남은 삶을 혼자 보내는 걸 봤다. 자연을 스승으로 모시고 사는 그 임간기林間期가 부러웠다. 스스로도 20년 넘게 성실히 일했고 아이들도 자라 고등학생이 됐으니 그럴 자격이 있다는 생각이 들었다. 그는 화순 쌍봉사를 떠올렸다.

정찬주는 2001년 화순을 드나들며 쌍봉사 앞 언덕에 아담한 기와집을 짓기 시작했다. 아내가 반대할까 봐 "한 달에 보름만 내려가 살겠다"고 둘러댔다. 이듬해 나이 쉰에 그는 30년 서울살이를 접었다. 새 집에 '이불재耳佛齋'라는 이름을 붙였다. '솔바람에 귀 씻어 불佛을 이루겠다'는 뜻이다.

아내는 남편이 저러다 말고 서울로 돌아오려니 했다가 영 오지 않자 2주에 한 차례 내려와 사흘을 머물며 찬거리를 챙겨주고 가곤 했다. 1식 2찬으로 살던 정찬주가 걱정스러워 어느 날 부모님이 이불재에 다니러 오셨다. 부모님을 모시고 산 적이 없던 그는 이번이 기회라고 생각해 아예 옮겨 오시게 했다.

그러면서 새벽마다 쌍봉사로 내려가 스님들과 함께 올리던 예불을 멈췄다. 부모님 모시는 것이 부처와 관세음보살 모시는 것이고 내 집이 법당이라는 생각에서였다. 집을 지켜주는 진돗개 세 마리에겐 문수와 보현, 지장이라는 이름을 붙여줬다. 사람들에게 좋은 일을 했으니 다음 생에 가서 보살로 태어나라는 뜻이다. 2006년 아버지가 돌아가시고 이듬해 두 아이가 대학을 마치자 비로소 아내가 서울살이를 끝내

"화순의 삶에서 보석처럼 가장 아끼고 좋아하는 게 외로움이다. 외로워서 자연과 더 가까워졌다. 그렇게 살다 보니 글도 자연을 닮아 유순해지고 자연스러워졌다."

고 함께 살게 됐다.

그는 새벽 네 시도 안 돼 일어나 총총한 별을 보며 눈을 씻는다. 뒷산을 한두 시간 걷고 오전엔 글쓰고 오후엔 밭을 일군다. 크진 않아도 2백 평 남짓 농사를 짓는다. 농사를 지어보니 수확의 기쁨보다 지혜를 얻는 기쁨이 더 컸다. 예전엔 농부가 씨앗을 심으면 제 알아서 싹이 트고 열매를 거두는 줄 알았다. 그러나 작물을 키우면서 햇빛, 비, 바람에 사람의 수고가 고루 얽혀 있다는 것을 깨달았다. 농사의 모든 것이 불교에서 말하는 연기緣起였다. 세상 모든 것이 연결돼 있다는 연기는 부처의 깨달음 중에 가장 중요한 핵심이다. 그는 그 진리를 흙을 만지면서 몸으로 얻었다.

그는 땅콩이 왜 땅콩인지도 몰랐다. 알고 보니 간단했다. 땅속에서 자라는 콩이어서 땅콩이었다. 작년에 고구마를 키우며 보니 줄기가 무성하면 뿌리가 허했다. 거기서 '허장성세虛張聲勢'라는 사자성어를 실감했다. 그래서 고구마는 일부러 줄기를 쳐준다. 배추는 속이 실하게 들어차라고 허리띠를 매듯 묶어준다. 사람도 똑같다. 방임보다 졸라매주는 게 알차다. 그는 남의 것을 주워듣는 지식이 아니라 스스로 깨달아 산 지혜가 쌓여가는 즐거움이 크다고 했다.

사람들이 뭣 하러 벽지에서 사느냐고 물을 때마다 정찬주는 외로움이 좋아서라고 답한다. 그가 화순의 삶에서 보석처럼 가장 아끼고 좋아하는 게 외로움이다. 외로워서 자연과 더 가까워졌다. 그렇게 살다 보니 집중력이 높아져 글 쓰는 속도도 두 배쯤 늘었다. 한 해 두 권씩

쓰고, 글도 자연을 닮아 유순해지고 자연스러워졌다. 문즉인 文卽人, 글이 곧 사람이라는 말이 맞더라고 했다.

어느 가을 노신사가 쌍봉사 암자를 찾았다가 이불재의 풍경 소리에 이끌려 그의 집에 들어섰다. 정찬주가 길손에게 차를 대접했다. 이야기가 오가고 집주인이 정찬주라는 걸 안 노신사가 깜짝 놀라더니 배낭에서 책을 꺼내 보였다. 정찬주가 쓴 『암자기행』이었다.

노인은 여섯 달밖에 못 살 거라고 시한부 인생을 선고받았던 암환자였다. 하지만 『암자기행』에 실린 암자들을 찾아다니며 6년을 살고 있다고 했다. 노인은 언젠가 정찬주를 만나면 보답할 선물을 줄 생각이었는데 이렇게 갑자기 만나 빈손이어서 미안하다고 했다. 정찬주는 "미안해 하실 것 없다. 건강하게 오래 사시는 것이 선물"이라고 말씀드렸다.

이렇게 예기치 못한 손님뿐 아니라 이불재엔 언제나 객이 그치지 않는다. 문우들이 수시로 머물고 가느라 아내가 밥해대기 바쁘다. 근처 이양면과 청풍면의 젊은 부부들도 드나든다. 서른 명쯤 모아 한 달에 두 차례씩, 2년을 가르치고 있다. 그가 쓴 『나를 찾는 붓다 기행』을 교재 삼아 불교 상식을 이야기해준다. 마을 사람들과 자연스럽게 어울려 살 수 있는 방법을 궁리하다 생각해낸 강의다. 그는 농촌의 젊은 부부들이 집에서 나눌 대화거리를 만들어주는 것도 훌륭한 기여라고 생각했다.

정찬주는 젊은 농부들에게 가끔씩 인생 상담도 해준다. 거꾸로 농부들은 그에게 농사짓는 법을 가르쳐준다. 이불재 마당에 옮겨 심으라고 느티나무 고목을 내주기도 했다. 그는 "사제師弟까지는 아니어도 함께 도를 닦는 벗, 도반道伴쯤은 된다"고 했다. 정찬주의 도반들은 그의 집에 올 때마다 쌀이며 곡식을 들고 온다. 이불재에 손님이 많아 아내가 밥 수발하는 게 일이지만 도반들 덕분에 쌀 살 일이 없다.

그는 화순 땅을 말할 때마다 김삿갓을 빼놓지 않는다. 김삿갓이 화순에 세 번이나 왔고 결국 화순 동복에서 죽은 게 무엇 때문이었겠느냐고 했다. 화순 사람들 인심 좋아 먹을 것 걱정 없고, 화순 땅 풍광이 좋아 눈도 즐거워 김삿갓이 큰 위안을 받았다는 얘기라고 했다.

어느 날 그는 집 뒤 계당산 중턱을 산책하다 길가에 서 있는 표지석을 보게 됐다. 조광조가 사약을 받고 죽은 뒤 석 달을 묻혀 있던 가묘假墓 자리라는 표지석이었다. 그의 가슴에 찌르르 전기가 지나갔다. 조광조가 먼 역사책 속 인물이 아니라 바로 내가 사는 동네에서 숨쉬던 사람이었다니.

그는 조광조를 들여다보기 시작했다. 조광조는 옛날 능주라고 불리던 화순에 유배 와 스무 날을 살다 죽었다. 짧은 시간이었지만 호남 사림士林이 꽃 피우는 계기가 됐다. 정찬주는 조광조와 화순 사람을 주인공 삼고, 화순의 아름다운 풍광을 배경 삼아 소설 『하늘의 도道』를 썼다.

그는 낙향한 작가가 지역의 독특한 역사와 풍물을 소설로 쓰는 것이 각별한 의미가 있다고 생각한다. 지방마다 많이 내려가 있는 작가들이 저마다 지역을 소재로 작품활동을 하면 또 다른 문학의 르네상스가 올 것이라고 했다.

정찬주는 농사를 점점 줄여 지난해 콩·깨·고구마·고추만 지었다. 생전에 법정 스님이 "많이 짓지 마라, 글 쓰는 일과 본말이 바뀐다"고 일러주신 대로다. 법정은 그의 집 사랑채 편액도 써주고, 추운 겨울 잘 나라고 내복도 보내주곤 했다. 그는 법정의 재가(在家) 제자다.

그는 샘터사에서 일하면서 법정 산문집을 열 권 넘게 냈다. 교정지를 들고 스님이 계시던 송광사 불일암을 숱하게 드나들었다. 그러면서 스님의 몸가짐을 가까이서 엿보게 됐다. 다른 스님들과 뭐가 다른지 궁금했다. 그가 지켜본 스님의 일상은 불교의 본질적 수행과 닿아 있었다. 법정 스님은 한국 불교 수행자의 상(像) 그 자체였다. 그는 스님께 인생 상담도 여쭈면서 정이 들었다. 스님도 좀처럼 꺼내지 않던 속가 시절 얘기를 그에게는 들려주시고, 가끔씩 글감도 귀띔해주셨다.

정찬주는 1991년 단오 전날 불일암에 가 법정 스님께 제자로 거둬 주시라고 청했다. "법명(法名)을 내려주시되 좌우명으로 삼을 수 있는 법명이면 좋겠다"고 말씀 드렸다. 스님은 이튿날 아침 그를 불러 삼배(三拜)를 받고는 '무염(無染)'이라는 법명을 내렸다. "저잣거리에 살더라도 물들지 말라"는 뜻이라 했다.

스님은 오계(五戒)의 첩(牒)을 주시면서는 "살다 보면 거짓말할 수도, 바르지 않은 길을 갈 수도 있지만 그때마다 계(戒)를 생각하면 걸음이 멈출 것"이라고 말씀했다. 정찬주의 눈앞이 갑자기 환하게 밝아왔다. 그는 "법정 스님이 그 요체(要諦)를 일러주시지 않았다면 지금도 팔만대장경이라는 불경(佛經)의 숲속에서 헤매고 있었을 것"이라고 했다.

그는 "10년 동안 암자를 다니다보니 탐내고(貪) 노엽고(瞋) 어리석은(癡) 삼독(三毒)이 씻기더라"고 했다. 그래서 결국 화순 땅 쌍봉사 앞산에 스스로 암자를 짓고 '무염산방'이라고 일컬었다. "법정 스님을 불가(佛家)의 스승으로 모신 것이 큰 행운이고 행복이었다"고 했다. 이제 그는 '화순(和順)'이라는 이름처럼 평화로운 자연, 순한 사람들을 새 스승으로 모시고 산다.

소설가 은희경의 일산
내 삶은 일산 이전과 이후로 나뉜다

내가 누군지 알고 살아야겠다

절망의 벼랑 끝에 찾아온 신도시

이곳에서 소설 쓰며 내 인생 찾았다

하루가 다르게 변해가는 과거가 없는 도시 모퉁이에서

부조리한 삶을 이야기한다

창밖으로 네온사인이 반짝인다. 태국마사지, 노래방, 24시간 당구장……. 인터넷에 장편을 연재하면서 은희경은 밤새워 쓰는 날이 많았다. 그럴 때면 고양시 일산구 장항동 오피스텔 13층 작업실 저 아래서 유흥가 불빛이 말을 건넨다. '깨어 있는 건 너만이 아니야'라고. 쓰다 지칠 때 밤새 깜박이며 응원해준다. 쾌적하달 순 없지만 일산의 이런 모습이 그에겐 여러 생각을 일깨운다.

오피스텔에서 길 하나 건너면 일산 호수공원이다. 호수 쪽 방들은 큰 집들이다. 은희경의 작업실은 커다란 통유리창으로 반대쪽 번화가를 보고 있다. 책상 하나, 작은 냉장고 하나가 놓인 원룸이다. 방엔 책이 별로 없다. 쓰는 데만 집중하려고 당장 읽고 있는 책만 갖다 놓았다. 그는 작업 환경은 좀 단순한 게 좋다고 생각한다. TV를 켜놓으면 생각 없이 보게 되듯 작가들은 책이 있으면 거기로 눈길이 가게 마련이다. 그는 집 서재를 전용 도서관이라 여기고 작업실에선 글만 쓴다.

벽엔 문학상 받은 날 뒤풀이, 친구들과 즐겁게 어울린 날의 즉석사진들이 붙어 있다. 은희경은 처음엔 샤갈, 뒤라스, 헤밍웨이 같은 화가, 작가들 사진을 많이 붙여놓았었다. 영감을 얻기 위해서였다. 에곤 실레 그림을 걸어놓은 건 거기서 뿜어 나오는 긴장을 원해서였다.

그는 원래 엄숙주의에 대한 반감을 글 쓰는 에너지로 삼았다. 그런데 몇 년 전부터 글이 자꾸 무거워졌다. 어느 사이엔가 스스로의 안에 중견이라는 자의식이 자리를 차지하고 있었다. 그걸 깨달으면서 무거워지는 데 대한 반작용, 부력이 생겼다. 이제 은희경은 무거움에서 벗어나 가볍고 쉽게 쓰려 한다.

은희경은 실레 그림을 내리고 편하게 마티스 것을 걸었다. 즐거운 기분을 내보려고 친구들과 찍은 폴라로이드 사진들도 붙였다. 장편 『소년을 위로해줘』를 인터넷에 연재하면서 "내가 원하던 가벼움으로 달릴 수 있어 즐거웠다."고 했다. 하지만 "단순한 단어와 문장으로 쉬운 얘기를 쓰는 게 더 어렵더라"고도 했다.

은희경은 글이 안 나가거나 기운 없이 처질 때면 호수공원으로 나간다. 방을 환기하는 대신, 호숫가에서 맑은 공기를 깊이 들이마신다. 벤치에 앉아 책도 읽는다. 정 글이 안 풀릴 땐 새벽에도 나와 본다. 노인과 새, 일찍 일어나는 두 그룹만 나와 있다.

그는 호숫가를 뛰기도 한다. 두 바퀴 돌면 8킬로미터다. 그는 여기서 단련한 몸으로 한 해 한두 번씩 마라톤대회에 나간다. 작년에도 어느 신문사 대회 하프코스를 2시간 3분에 뛰어 3등을 했다. 조깅과 마라톤은 2002년 미국 워싱턴대 방문연구원으로 두 해 시애틀에 살 때 시작했다. "구기球技는 못하는데 달리기는 잘한다"고 했다. 작고 단단한 몸에 잘 참는 성격이어서 등산도 알맞은 것 같다고 했다. 은희경은 미국 가기 전엔 신경숙과 주말마다 북한산에 올랐다. 세 해 전엔 네팔에 가서 안나푸르나 베이스캠프까지 트레킹을 했다. 함께 간 친한 남녀 작가 여덟 명 중에 은희경 말고 두 명만 올랐다고 한다.

호수공원은 일산 사람들에게 산소통 같은 곳이다. 작년에 환경부가 서울을 포함한 수도권에서 산책이나 달리기에 가장 좋은 곳으로 뽑았다. 공기와 주변 환경, 접근성을 따졌더니 100점 만점에 98.25점이었다. 2등은 과천 서울대공원 순환도로였다.

은희경과 함께 나선 호수공원에 개나리, 산수유가 활짝 피었다. 버드나무도 아기 손처럼 여린 연두 잎을 한껏 내밀었다. 잔뜩 흐렸어도 자전거 타는 아이들, 아들과 공을 던지고 받는 아버지, 강아지 산보시키는 할머니들로 생기가 넘친다. 그가 15년 전 처음 일산으로 옮겨왔을 때부터 호수는 큰 위안이었다. 호수를 보며 일산에 정 붙여야겠다는 생각을 했다.

"서울은 답답해요. 장악할 수 없는 곳이라 편치 않지요. 일산은 뛰어다니고 자전거 탈 곳이라도 있잖아요." 일산에선 자전거 도로의 나라

프랑스처럼 회원에 가입하면 자전거를 싸게 빌려 탈 수 있다. 그리고 아무 데서나 반납할 수 있게 돼 있다.

은희경의 삶은 서울과 일산, 둘로 잘리듯 나뉜다. 그는 1981년 숙명여대 국문과를 나온 뒤 직장을 몇 군데 다녔지만 잘 풀리지 않았다. 결혼해 남매를 낳고도 '남에게 맞춰 꾸며진 인생'이라는 생각을 떨치지 못했다. 무리하게 아파트를 사면서 낸 은행 빚을 갚으려고 맞벌이를 하며 월급을 절반 넘게 떼 저축해야 했다.

출판사에 다니던 1994년, 그는 가장 힘들던 벼랑 끝에서 '내가 누군지 알고나 살아야겠다'는 절박함으로 소설을 썼다. 두 달 집중적인 습작을 거쳐 쓴 중편 「이중주」가 이듬해 1월 동아일보 신춘문예에 당선됐다. 서른여섯 살 때였다.

은희경은 그 해 봄 일산동 후곡마을 아파트로 이사 왔다. 친척 언니가 권해 구경 왔다가 전원 느낌도 있어서 부대끼지 않고 살겠다 싶어 결정했다. 서울과 같은 전셋값으로 넓은 아파트를 얻었다. 서초동의 방 셋짜리 서른 평대 아파트에서 방 넷 거느린 마흔 평대 쾌적한 아파트로 '승격'했다.

후곡(後谷)은 뒷골이라는 뜻이다. 정발산이 있는 마두에서 보면 산 안쪽 뒷골에 있다고 해서 붙은 이름이다. 아파트 북쪽 경의선 너머 '구(舊)일산'에 꽃시장과 닷새장이 서 산책 삼아 거닐곤 했다. 임진강이 가까워서인지 안개가 낮게 깔리는 풍경도 좋았다.

신춘문예로 등단은 했지만 그 해 여름이 되도록 원고 청탁이 없었다. '조금 더 있으면 새 당선자가 나올 텐데……' 하는 생각에 초조해졌다. 은희경은 무주 적상산 안국사에 들어갔다. 산 아래는 열대야인데, 해발 1천 미터에 있는 절 방은 장작불을 때야 했다. 거기서 한 달 반 만에 장편 『새의 선물』을 탈고했다. 외부 시선에 민감하고 자의식이 강했던 문학소녀, 그 자신의 10대를 그렸다. 그는 이 작품으로 제1회 문학동네 소설상을 받으며 단숨에 문단의 스타로 떠올랐다. 『새의 선물』은 지금까지 75쇄를 찍었다.

은희경은 "작가에겐 자꾸 돌아가는 시간적 거점(據點)이 있다. 내겐 그게 10대"라고 했다. 그가 소녀 시절 얘기를 풀어놓기 시작한 출발점이 열두 살 적 이야기 『새의 선물』이었다. 그는 "내 10대는 어른들의 기대에 의해 만들어진 것"이라고 했다.

은희경은 1959년 전북 고창군 고창읍에서 태어나 풍족하게 자랐다. 부모는 자식들에게 헌신적이었다. 건축업을 했던 아버지는 맏딸 은희경에게 전폭적인 사랑과 신뢰를 쏟았다. 뭘 할 때마다 아이 의견을 물어보는 민주적인 아버지였다.

공주처럼 자란 그에겐 시골 냄새가 뺄 겨를이 없었다. 은희경은 서울에서 사온 반짝거리는 구두와 나비 같은 원피스를 입곤 했다. 질투하는 동네 아이들이 흙을 던지고 구두를 밟았다. 그는 "크게 상처받지는 않았다"고 했다. 은희경은 낙천성과 영리함을 타고난 소녀였다.

그는 세계 명작동화를 비롯해 많은 책을 읽으며 문화적으로 풍성한 유년을 보냈다. 초등학교 때부터 글짓기를 잘해 종종 백일장에서 상을 받았다. 사춘기가 시작된 중학 2학년 때 아버지 사업이 어긋났다. 식구 모두가 트럭에 이삿짐을 싣고 전주로 떠나는 날 은희경은 못 가겠다고 했다. 이튿날 성당에서 무용발표도 해야 하고 친하게 지내던 친구에게 작별 인사도 해야 했다. 아버지가 그러라고 했다. 은희경은 다음날 할 일을 다 하고 혼자 버스에 올라 한없이 울며 고향을 떠났다.

은희경은 전주여고 다닐 때 수업시간에 질문 하나 던지지 않는 조용한 학생이었다. 고교시절은 움츠려 지냈다. 중학교에 이어 활동한 문예반이 숨통 구실을 했다. 교지 편집위원으로도 일했다. 그는 일찍부터 작가가 되겠다고 맘먹었다. 대학은 당연히 국문과를 택했다. 그는 "문학소녀의 우월의식 탓인지 20대 초반까지 까칠한 성격이었다"고 했다.

은희경은 일산에 자리잡은 열여섯 해 동안 후곡마을을 떠나지 않았다. 앞 동으로 한 번 더 전세 이사를 하며 천천히 살 집을 둘러봤다. 그러다 아파트 일층 집을 샀다. 주변에서 일층은 집값이 안 오른다며 말렸지만 땅에서 가까이 있고 싶었다. 집 앞에 나무도 많고 어둑한 게 좋았다. 마음이 편안하고 차분해졌다. 일층엔 텃밭도 딸려 있다. 집 앞에 나무벤치를 내놓고 차를 마시곤 한다.

아파트 북쪽 경의로 변엔 폭이 꽤 넓은 녹지 길이 있다. 사람들이 산책도 하고 자전거도 타는 길이다. 은희경은 이 길에서도 자주 뛴다. 젊은 소설가 김소진도 1997년 암으로 떠나기까지 항상 자전거를 타고 다녔다.

이제 경의선 철도 건너 옛 꽃시장과 장터도 아파트촌이 됐다. 사람

"일산에서 소설을 쓰면서 비로소 내 인생이 시작됐다. 나에게 일산은 카프카의 프라하, 폴 오스터의 뉴욕, 오르한 파묵의 이스탄불이다."

들이 일산으로 이사 오는 건 살기 편해서이기도 하지만 서울 근처에서 그래도 전원 느낌이 있는 곳이어서다. 은희경 역시 그랬다. 그러나 이젠 그 많던 공터가 다 사라졌다.

은희경은 일산이라는 도시의 구조를 "호수공원 동북쪽으로 오피스텔촌, 번화가 '라페스타', 관공서촌, 정발산 카페촌, 경의선 기찻길이 차례대로 늘어서 있다"고 간명하게 설명했다. 처음 라페스타 바로 옆에 첫 집필실을 잡았을 땐 주변에 아무 것도 없었다. 시애틀에서 살다 돌아와보니 거리 전체가 고기 굽는 냄새와 연기로 가득했다. 지옥과도 같았다. 지금은 그 동네서 이것저것 잘 사먹는다. 도시가 점점 더 번잡해갈수록 이게 아닌데 하면서도 어느새 익숙해지곤 했다.

은희경은 정발산 카페촌, 나이 든 사람들이 잘 가는 맥줏집 '크롬바커'에서 가끔씩 다른 문인들과 어울린다. 일산엔 유독 문인들이 많이 산다. 지금 작업실이 있는 오피스텔 근처에만 김훈, 김연수, 김중혁, 김인숙이 집필실을 갖고 있다. 문인 주소록에 일산 사는 걸로 오른 사람이 1백 명이 넘는다. 은희경을 만난 아침, 호수공원에 반바지 차림으로 산보 나온 김훈과 마주쳤을 정도다.

은희경은 자기가 아마도 김인숙 다음으로 이사 온 '일산 문인' 2호쯤 될 거라고 했다. 일산엔 작은 도서관들도 많고 극장, 백화점도 다 가까이 있어 편리하다. 파주출판단지와 그가 책을 낸 출판사 문학동네, 창비도 멀지 않다. 갈수록 살벌해지긴 해도 일산엔 아직도 문화 마인드가 살아 있다.

언젠가 식당에 갔더니 어린 딸들을 데리고 온 남자가 계속 힐끗힐끗 쳐다봤다. 그러더니 일어나서 어딘가로 나갔다. 남자는 서점에 가서 은희경의 책을 사 들고 와서 사인해 달라고 내밀었다. 그런 게 일산 사는 작은 맛이다.

일산은 과거라는 게 없는 도시다. 어느 날 땅에서 솟아난 도시다. 은희경은 "일산에서 소설을 쓰면서 비로소 내 인생이 시작됐다"고 했다. 신도시와 새 삶이 맞아떨어졌다. 작가 은희경에게 일산은 카프카의 프라하, 폴 오스터의 뉴욕, 오르한 파묵의 이스탄불이다.

일산은「아내의 상자」를 비롯해 그가 쓴 숱한 단편소설의 배경이 됐다. 장편『그것은 꿈이었을까』에 등장하는 안개 도시는 안개 낀 호수공원의 변주變奏다. 일산에선 욕망과 소비를 향해 자꾸만 새것들이 만들어지고, 그것들은 정착하기도 전에 변하고 폐기된다. 그의 소설엔 내내 신도시의 불모성과 단절과 고립이 깔린다.

인터넷에 연재했던『소년을 위로해줘』는 후곡마을 아파트 앞 학원가 풍경에서 떠올렸다. 밤이면 버스들이 학생들을 태워 갈 행선지 팻말을 죽 세워두고 서 있다. 그는 "팻말대로 가는 삶이 아닌데, 아이들이 짠했다. 위로가 필요해 보였다"고 했다.

소설 제목은 키비라는 힙합 가수가 부른 노래 제목에서 따 왔다. 아들이 즐겨 듣던 노래였다. 거기엔 남자다움을 강요하는 사회의 폭력성에 대한 감수성 여린 소년의 고민이 담겨 있다. 제목만이 아니라 모티프까지 얻은 셈이다. 힙합을 좋아하는 고1 주인공의 캐릭터도 아들에게서 가져왔다. 은희경은 『소년을 위로해줘』가 "아들과 딸에게 바치는 선물 같은 작품"이라고 했다.

소년이 일산으로 이사 들어오는 장면에서 은희경은 일산이라는 도시를 이렇게 묘사한다.

"아파트 단지가 끝없이 이어졌다. 군데군데 공원이 보이고 자전거 도로와 육교들, 그리고 학교도 많았다. 상가가 길게 이어지다 끝나는 곳마다 나타나는 또 다른 아파트 단지들. 마치 하나의 풍경을 블록으로 잡아서 복사한 뒤 ctrl+V 키로 계속 붙이기를 해놓은 것 같았다. 인간들이 너무 많이 사는 곳에 와버렸군."

그에게 이상문학상을 안긴 단편 「아내의 상자」에는 "언제 봐도 단정한 아파트단지…… 하늘도 언제 봐도 대충 그런 색의 지루한 안정의 빛이고 공기의 냄새마저도 도식적"이라고 썼다. 장편 『그것은 꿈이었을까』에서는 일산을 휘감아 도는 밤안개로 낯설고 모호한 삶을 이야기했다.

일산역으로 안내하던 그가 진입로에서부터 당황했다. "어, 여기가 아닌데. 여긴 왜 이렇게 됐지?" 작년 여름까지 신촌행 열차를 타곤 했던 단층짜리 자그마한 일산역은 폐쇄돼 있었다. 그 옆으로 너른 주차장을 거느린 3층 새 역사가 번듯하게 서 있다. 일산 사람에게도 어제 다르고 오늘 다른 게 일산이다. 나날이 빽빽해지고 사람 냄새는 바래간다.

은희경이 1984년 대학 졸업하고 잡은 첫 직장이 일산역 부근 사립학교였다. 신촌에서 하숙하며 경의선으로 통근했다. 더운 날 일산역에서 아이스크림이라도 물고 있으면 학생들이 인사하고 지나가 머쓱해지곤 했다. 모범적이고 규칙적이어야 한다는 게 그와 맞지 않아 일년도 못 채우고 그만뒀다. 그로부터 10년 만에 일산에 살러 돌아온 뒤에도 자주 경의선을 탔다. "기다리는 맛이 괜찮았는데." 문 닫은 일산역 앞에서 그는 허망해 했다.

백마역은 아예 옛 역사가 철거됐다. 1970~80년대 서울 젊은이라면 한두 번쯤 통기타 메고 주말 나들이를 오던 곳이다. 표 받는 사람도 없어 간이역에 걸린 깡통에 표를 던져넣으면 그만이었다. 역 앞으론 과수원이 펼쳐지고 원두막과 카페가 그림처럼 들어선 카페촌이 있었다. 1990년대 들어 카페들은 하나 둘 2킬로미터 떨어진 풍동 애니골로 옮겨왔다. 그마저도 지금은 음식점들이 늘어선 먹자골목이 돼버렸다.

애니골 초입에 지붕이 높아 작은 교회처럼 보이는 벽돌집 카페 '숲속의 섬'이 있다. '옛날처럼 기차 타고 와보세요. since 1980'이라고 쓰여 있다. 1980년대 연대와 이대 다니던 기형도, 성석제, 나희덕, 정끝별 같은 문청文靑들이 시 낭송회를 하던 곳이다. 젊은이들을 겨냥한 상권商圈은 정발산 카페촌을 거쳐 '라페스타'로 왔다가 최근엔 시가지 남쪽 쇼핑몰 '웨스턴돔'으로 옮겨갔다.

은희경은 "일산엔 개발년대開發年代 식 욕망이 있다"고 했다. 이곳을 발판 삼아 한 단계 올라서려는 신분상승 욕구들이다. 그는 일산에서 안락, 쾌적한 것보다 인간의 나약하고 부조리한 이면을 본다. 그게 내 모습일 수도 있다고 생각한다.

그는 일산에 애증愛憎을 품고 있었다. "만든 도시라 편리하면서도 뿌리를 내릴 것 같지는 않다"고 말했다. 하긴 다른 도시는 더 나쁠지 모른다.

시인 고진하의 원주
치악산 기운받아 영혼의 살림 꾸려간다

장일순 선생이 화해를 가르치고 박경리 선생이 문화를 일군 곳
자연도 사람도 아름다운 원주에서 종교와 마음의 벽 허물고
좋은 시 쓰며 살고 싶다

고진하는 원주 시가지 서남쪽, 양지 바른 농촌 마을 승안동에 산다. 꼬불꼬불 고샅길 따라 들어간 마을 안쪽에 그의 집이 있다. 흙과 나무로 지어 60년 된 아담하고 소박한 한옥이다. 밀면 삐그덕 소리가 날 것 같은 옛 나무대문 기둥에 '한뼘 공방'이라는 팻말이 붙어 있다. 아내가 집에서 천연염색한 천에 수를 놓고 그림을 그린다고 한다.

수세미 덩굴이 드리운 미닫이문을 열고 마루로 올라섰다. 넓진 않아도 대들보가 시원하게 높은 청마루는 교회이기도 하다. 목사 고진하가 주변 사람 예닐곱과 함께 주일마다 예배를 보는 감리교단 한살림교회다. '한뼘 예배당'인 셈이다.

그리고 이 집은 맑은 시로 문단에서 독특한 자리를 다진 시인 고진

하의 집필실이다. 치악산 자락에서 10년을 살다 작년 봄 세를 얻어 옮겨온 뒤 글도 잘 써진다고 했다. 쉰여덟 그의 얼굴이 소년처럼 맑다. 아흔다섯 살 노모와 식구들도 편안해 한다고 했다.

그는 영월 주천면 농가에서 태어났다. 기독교 집안은 아니었지만 집 바로 옆 교회에 다녔다. 오르간도 있고 합창도 울려 퍼지는 작은 시골 교회가 소년을 끌어당겼다. 그는 "예수가 내 안으로 들어왔고 그래서 신학을 하게 됐다"고 했다.

서울 감리교신학대에서 딱딱한 신학 공부만 하다 보니 시와 소설이 그리웠다. 그 무렵 한신대 다니던 고정희가 시인으로 데뷔했다. 고진하는 생면부지 그녀를 다짜고짜 감신대 축제 때 파트너로 초청했다. 느닷없는 초청이었지만 고정희는 기꺼이 초대에 응했다. 시대와 시국, 시대 속 신(神)의 의미, 그리고 문학 얘기가 두 사람 사이에 진지하게 오갔다. 고정희는 시인 고진하의 출발점에 서 있던 이정표 같은 사람이었던 셈이다. 고진하는 교내 문예작품 공모에 시가 당선되면서 습작의 길로 들어섰다.

졸업을 앞두고 제주도에 전도사로 가 있는 친구가 그에게 "놀러 오라"고 했다. 고진하는 제주의 풍광에 반해버렸다. 시에 미쳐 있을 때여서 '여기 오면 시가 되겠구나' 싶었다. 그래서 졸업 후 제주도로 파송(派送)을 자원했다. 산간에서 태어났기에 바닷가 교회를 찾다 서귀포 중문 대포리의 한 교회가 눈에 띄었다. 1978년 홀어머니를 모시고 제주도에 내려가 주상절리가 아름다운 대포에서 2년 반 목회활동을 했다. 그러면서 아내를 만났다.

1980년 짓밟힌 광주의 소식을 들은 그는 뒤숭숭해서 더 이상 제주도에 머물 수 없었다. 서울로 돌아와 〈기독교사상〉에서 편집 일을 했다. 1890년 출범한 대한기독교서회가 교계 지성인들의 목소리를 담아내던 월간지였다. 1960년대부터 인문학을 선도하고 이 땅에 서구 신학과 민중신학도 알리는 역할을 했다. 그는 편집장을 대행하다 필화(筆禍)로 안기부에 끌려가 고초를 겪고 해직됐다.

위궤양과 십이지장궤양에 시달리던 그는 영월 주천 고향집으로 내려가 시만 쓰며 지냈다. 그러다 아는 이의 소개로 1986년 홍천 서면 동막 교회를 맡아 산골로 들어갔다. 버스가 하루 두 차례 들어오는 곳, 노인과 개들만 사는 외진 골짜기에서 신자 열댓 되는 교회를 꾸렸다. 아내와 함께 한 달에 쌀 두 말, 월급 4만 원으로 살아야 했지만 고향에 온 듯 좋았다. 거기서 그는 종교와 문학, 둘 다 큰 가르침을 얻었다.

고진하는 동네 노인들과 모심기도 함께 하고 새참도 얻어먹으며 어울려 살았다. 대자연이 정말 큰 가르침이라는 걸 깨달았다. 하나님을 경험하는 '신(神) 체험'도 했다. 영성(靈性)과 소외된 농촌이 그대로 시가 됐다. 홍천 온 이듬해 그는 〈세계의문학〉을 통해 시 「빈 들」로 등단했다.

1992년에는 강릉 사천 제일교회에 담임목사로 갔다. 신도가 70명 정도 되는 동네 교회였다. 교회도 사택도 조립식 건물이었지만 뒤로는 대관령, 앞으로는 동해가 펼쳐진 언덕에 살며 행복했다. 교회 뒷산 소나무들이 죽어가던 여름에 그는 나무들을 붙잡고 기도를 드렸다. 신기하게도 초가을에 소나무들이 살아났다. 그는 농담 삼아 아내에게 "내 기도발 세지?"라며 으스댔다.

홍천에 살던 시절 1990년에 낸 첫 시집 『지금 남은 자들의 골짜기』에는 절망적인 표현이 많았다. 해방신학, 민중신학에 관심이 많던 때, 젊은이들 다 떠나고 황폐한 산골에서 노래한 시들이었기 때문이다. 그는 "그래도 인간 존재의 강인한 생명력이 배 있어서 좋다"고 했다.

1993년 두 번째 시집 『프란체스코의 새들』에서는 박제화, 기계화된 도시의 황폐한 삶을 말했다. 강릉 오기 전 한 해 동안 서울 출판사에서 일하며 대도시 생활에 넌더리가 난 뒤였다. 그때까지 고진하의 시에는 시대를 보는 암울한 시선이 가득했다.

하지만 강릉에 온 뒤로는 세상을 따뜻하게 보게 됐다. 자연스럽게 시도 밝아졌다. 그는 1997년 강릉의 삶을 오롯이 담은 세 번째 시집 『우주배꼽』으로 '김달진문학상'을 받았다. 노자, 장자에 심취하고 다양한 종교 경전들도 읽으며 많은 것을 흡수한 8년 세월이었다. 그 시간이 그에게는 "세계를 보는 시선이 바뀌는 계기였다"고 했다.

그래도 교회에 살다 보니 사람들 시선에서 자유로울 수 없다는 생각이 내내 체증처럼 얹혀 있었다. 한번쯤 교회 울타리를 벗어나 글쟁이로서 자유를 흠뻑 누리며 살고 싶었다. 1999년 그는 나이 마흔여섯에 힘든 결심을 하고 원주행을 택했다. 영월 살던 어린 시절부터 대처로 친숙했고, 무엇보다 마음의 스승 무위당無爲堂 장일순이 살던 곳이었다. 그는 홍천 가기 전 영월 살 때 틈틈이 원주로 가 선생을 뵙고 가르침을

"타락하지 않으려면 문학과 끊임없이 교류해야 한다. 자기 스스로를 틀 안에 가두고 경직되면 죽는 것이다."

얻었다. 선생이 돌아가신 뒤에 원주로 왔지만 선생 덕분에 원주가 고향처럼 느껴졌다. 10분만 나가면 산과 계곡이 있어 도시 같지 않다는 것도 좋았다.

고진하는 토지문학공원 근처 단구동 치악산 자락에 자리를 잡았다. 물소리, 솔바람소리가 들리는 곳이었다. 그는 아호도 치악산의 옛이름을 따 '모월산인母月山人'이라 지었다. 다음에는 행구동 이층집으로 세 들어 4년을 살다가 명봉산 아래 흥업면 승안동으로 왔다. 새벽에 일어나 기도와 명상을 하고 아침 먹기 전까지 한 시간쯤 뒷산을 거닌다. 그는 "인구 35만 도시에서 이런 자연을 누릴 수 있다는 게 좋다"고 했다.

원주에 자리잡은 초기에는 일주일에 한 차례 춘천 교회에 설교목사로 나갔다. 설교 대가는 교통비쯤이었다. 사실상 전업 시인이었던 셈이다. 그러다 집을 교회로 삼고 이름을 '한살림'이라고 붙였다. 생명운동가이자 농민운동가 장일순이 폈던 한살림운동에서 따온 이름이다.

고진하는 장일순의 삶을 지표로 삼아 갈등과 분열의 벽을 허무는 데 힘을 보태려 한다. 그는 세상 여러 분쟁이 종교에서 비롯되고 있고, 나라가 이념으로 끝없이 분열하고 나뉘어 있는 것이 못내 괴롭다. 그는 "내가 믿는 하나님을 틀 안에 가두고 싶지 않다"고 했다. "종교마다 울타리를 높이 치는 게 아니라 모든 존재가 한 뿌리라는 것을 기억하고 어우러져 사는 것만이 지구 사람이 살 길이지요."

원주에 와서 낸 네 번째 시집 『얼음 수도원』은 그래서 우주적 상상력에 다원적 종교관을 결합한 시들로 채워졌다.

두꺼운 방한복을 뒤집어쓰고

스키를 질질 끌며 그곳에 가도

내가 머물 영혼의 의자는 없겠다

잔디 한 뿌리 자랄 수 없는 빙원이니

내 죄의식과 불안을 자라나게 할

고해소도 없겠다

고해소가 있다 한들

그곳을 찾아가다가

입이 얼어붙어 죄를 고백할 수도 없겠다

무슨 경전이라곤 씌어진 적이 없는 곳

죄도 은총도 서식할 수 없는 곳

신의 지문(指紋)이라면

얼음계곡에 묻힌 오랜 물고기의 뼈다귀들뿐이겠다.

─「얼음수도원」

부처도 예수도 한 번도 밟아보지 못한 남극. 죄마저 얼어붙어 하얀 얼음뿐인 곳. 부처도 예수도 영원하지 못할 그 땅에 그는 종교적 진리를 대입했다.

2006년 다섯 번째 시집 『수탉』에서는 일상의 성화聖化를 내걸었다. 그는 "밥 먹고 배설하고 살 비비는 현실을 떠난 문학이나 종교는 어차피 가짜 아니냐"고 했다. 원주 이곳저곳을 마치 수탉처럼 어슬렁거리며 그 생명의 모습들을 잡아내 충만한 상상력으로 빚어냈다. 작은 풀꽃들에 하나님이 살아 계신 것을 봤다. 일상 속에서 그 자체로 완결된 소우주들을 발견하고 거기 깃들인 신성성을 노래했다.

실버타운 유무상통 마을에 가면
성당 입구에
미륵반가사유상처럼
오른쪽 다리 들어 왼쪽으로 올려놓고
두 발과 두 손에 박힌 못 빼어 한쪽 손에 꼭 움켜쥐고
다른 쪽 손으로 턱 괴고
사기면류관 헐렁하게 쓰고 앉아
눈웃음 치고 있는 목조예수상이 모셔져 있지요

한 몸뚱이에 붓다와 예수가 동거하는 저 상像에서
(중략)
합장한 두 손이 춤 멈춘 꽃잎처럼 이뻤어요.
―「합장」일부

고진하는 자기가 모신 신에 대해선 이렇게 노래했다. "범신론이든 / 유신론이든 / 내가 믿는 하나님은 / 그런 론論의 그물에 걸릴 분이 아니라니까요."「어떤 인터뷰」 그렇다면 그의 신학은 어떤 것일까. "어떤 형상과 문법과 경계도 고집하지 않는다 / 구름 속을 드나들었다 이젠 / 구름 신학이다!"「구름과 놀다」

그는 인도에도 일곱 차례 다녀왔다. 인도는 그가 '나뭇잎에도 성스러운 지문이 찍혀 있을 것 같다'고 표현했듯 범신론汎神論의 나라다. 그런 인도 땅을 발바닥이 부르트도록 돌아다니는 것은 개신교 목회자에게는 그리 어울리지 않을 수 있는 행보다.

고진하는 『신들의 나라, 인간의 땅』이라는 '우파니샤드Upanishad' 기행집도 냈다. 그는 인도 여행길에서 으뜸의 가르침 우파니샤드를 싱싱하게 살아 있는 풍경으로 접했다고 했다. 벵골 한 대학 부근에서는 스승의 발 아래 제자가 다소곳이 앉아 있는 모습을 담은 테라코타를 만났다. 우파니샤드에 담긴 가까이upa, 아래로ni, 앉는다sad는 뜻을 고스란히 지닌 테라코타였다. 고진하는 그 앞에서 '내 영혼의 스승'의 음성을 들었다고 했다. "그대 안에 다 있는데 왜 바깥만 기웃거리느냐."

그는 '나마스카'라는 인도식 인사말에서도 감전되는 듯한 충격을 받았다. '나마스카'는 '내 안에 있는 신이 그대 안에 있는 신을 알아본다'는 뜻이었다. 그는 이때껏 이런 깊은 뜻이 담긴 인사말을 어디서도 들어본 적이 없다.

고진하는 "인도 고대 철학서 『우파니샤드』가 가르치는 영적 지혜의 핵심은 내가 지금까지 알아온 예수의 가르침과 크게 다르지 않다"고 했다. "인도 여행에서 내 영혼의 스승 예수를 더욱 사랑하게 됐고 기독교 영성에 대한 이해도 더 풍성해졌습니다."

그는 "돌아보니 나는 영적 식성에 있어서 미식가였다"고 했다. 20대엔 기독교 신비주의에 빠졌고, 30대엔 성서와 더불어 노자와 장자에 탐닉했고, 40대부터는 명상요가에 관심을 갖고 『바가바드기타』를 접했다. 그리곤 자연스럽게 『우파니샤드』에 맛을 들였다. 인도의 종교와 철학은 물론, 인류의 신비주의적 영성철학에 젖줄 구실을 해온 『우파니샤드』는 읽으면 읽을수록 깊은 맛으로 그를 매혹시켰다.

정신적 자유로움이 생명인 시인의 삶과, 종교의 틀 안에 자리한 목사의 삶도 얼핏 어긋나 보인다. 고진하도 처음엔 시인과 목사의 삶을 병행하기가 버거웠다고 했다. 문학이란 정신적 자유로움이 생명인데 종교의 틀에 얽매이다 보면 문학에 틈이 생기는 것 아닌지 늘 불안했다. 두 번째 시집을 낼 때까지는 시의 리듬이 흐트러질까봐 산문도 쓰지 않았던 고진하다. 설교를 준비할 때도 메모만 했다.

하지만 이제는 종교와 문학이 서로 균형을 잡아준다고 한다. "종교는 근원적 깊이를 추구하느라 다소 거칠지만, 문학은 종교가 제대로 표현하지 못하는 절대 진리를 섬세하게 전한다"고 했다. 사람들은 여전히 그를 목사라고 부른다. 대학 강연도 목사로서 하고, 기고도 기독교 잡지에 한다. 그는 "목사로 불리든 안 불리든 시인인 한편으로 목사로서의 삶은 내 운명"이라고 했다.

고진하는 "화가나 음악가나 시인이 아니면 크리스천이 아니다"고 했던 윌리엄 블레이크의 말을 경구(警句)로 삼는다. 이 18세기 영국 낭만주의 시인이자 화가는 성공회의 타락에 분노해 "크리스천은 날마다 창조적인 삶을 살아야 한다"고 외쳤다. 종교가 스스로를 건강하게 지키고 정화하는 수단으로 문학과 예술이 중요하다고 했다. 고진하도 "타락하지 않으려면 문학과 끊임없이 교류해야 한다. 자기 스스로 틀 안에 가두고 경직되면 죽는 것"이라고 했다.

그는 인도에서 샀다는 이슬람풍 모자를 챙겨 쓰고 집을 나서 단구동 박경리문학공원으로 안내했다. 박경리의 옛 집터를 문학공원으로 꾸민 곳이다. 그는 박경리가 문화예술인 뒷바라지를 했던 토지문화관에서도 몇 차례 방을 얻어 글을 썼다.

그가 원주를 사랑하는 까닭은 푸른 산빛과 맑은 물빛 때문만이 아니다. 원주에는 그 자연처럼 착하고 순박한 사람들이 산다. 장일순이 화해의 정신을 심고 박경리가 문화의 토양을 일군 곳이다. 고진하는 그런 원주에서 하나님이 허락하는 한 좋은 시를 오래도록 많이 쓰고 싶다고 했다.

시인 정일근의 울산
귀신고래 기다리며 〈망경가望鯨歌〉를 부른다

> 내게 장생포 고래는 가슴 뛰는 삶
>
> 은현리 자연은 시
>
> 울산은 기회의 땅
>
> 누구든 꿈 품고 오라

정일근은 별다른 일이 없으면 일주일에 하루는 바다로 나간다. 울산시 어업지도선을 타고 15마일을 나가 눈 크게 뜬다. 그는 눈으로 고래를 관측하는 목시(目視) 탐사원이다. 고래 찾는 재주도, 재수도 좋다. 그가 나서는 날이면 고래가 나타난다 해서 지도선 사람들이 반긴다.

그는 열흘 전에도 밍크고래 두 마리를 찾아내더니 곧이어 참돌고래 떼를 만났다. 얼추 2천 마리가 솟구치고 흩어지며 군무(群舞)를 펼쳐 보였다. 음표처럼 뛰면서 장엄한 소나타를 들려줬다. 그 연주에 따라 환호성을 지르다 보면 누구든 목이 쉬어버린다.

정일근이 고래 탐사선 취항 이후 지난 네 해 관측한 고래는 돌고래를 포함해 1만 마리가 넘는다. 탑승일지에 어떤 고래 몇 마리를 북위·동경 몇 도, 몇 분, 몇 초에서 봤다고 기록을 남긴 것만 쳐서 그리 된다. 그는 고래를 보고 오면 기분이 좋아진다. 한 달은 화낼 일이 없다. 그에게 고래는 삶의 에너지원이다.

정일근을 만나러 울산 가는 날을 어업지도선이 고래 탐사를 나가는 화요일에 맞췄다. 그러나 바다가 사납고 해무(海霧)가 끼어 배가 뜨지 못했다. 석유화학단지 끝 장생포항에서 작은 어업지도선을 얻어 타고 울산만 입구까지 다녀오는 것으로 아쉬움을 달랬다.

그는 장생포항 고래박물관 앞바다에서 귀신고래 이야기를 들려줬다. 대곡천 반구대 암각화에도 등장하듯 11월이면 어김없이 내려와 이듬해 5월까지 지내며 새끼를 낳던 우리 고래다. "귀신고래는 먹이를 찾느라 16미터나 되는 몸으로 개흙을 훑고 다녀 바다 밑바닥을 비옥하게 만듭니다. 새끼는 배 밑에 붙이고 다니며 돌봅니다. 그게 꼭 밭 가는 우리네 아버지, 아이 업은 우리네 어머니 형상이지요."

그는 1964년부터 울산 바다에서 사라진 귀신고래가 돌아오길 기다리며 〈망경가(望鯨歌)〉를 부르는 '고래 시인'이다.

배가 태화강 하구를 거슬러 올라갔다. 동안(東岸)으로 현대미포조선, 현대하이스코, 현대자동차 공장이 이어진다. 바다에서는 몸을 가누기 힘들게 요동치던 배가 금세 조용히 미끄러진다. 대신 물빛은 탁해졌다. 강물에서 사람들이 유유히 윈드서핑을 즐긴다.

정일근은 110만 울산 사람 중에 20퍼센트인 토박이와 80퍼센트 외지사람을 태화강의 발음으로 구분한다. 토박이들은 '태홧강'이라고 발음한다. 사이시옷이 분명하게 살아 있다. 그들이 기억하는 태화강은 맑고 푸른 강이다. 그냥 '태화강'이라고 하는 사람들에게 태화강은 산업화의 배설물을 묵묵히 받아내온 검은 강이다.

정일근도 '태화강'이라고 발음한다. 그는 진해에서 태어났다. 공군 출신인 아버지는 사업을 하다 뺑소니 택시에 치여 숨졌다. 정일근이 여섯 살 때였다. 어머니는 일곱 평 식당에서 아귀찜을 팔아 그를 키웠다. 그는 초등학생 때 백일장에 나가면서 고교 교과서에 나온 시를 뒤져 봤다. 그걸 흉내내 동시를 썼을 만큼 문학에 조숙했다. 진해 남중을 거쳐 마산상고로 진학한 뒤로도 학교 안팎에 이름을 날리던 문학소년이었다.

그는 경남은행에 들어갔다가 살림이 조금 펴지자 어머니에게 중앙대 문창과를 가겠다고 나섰다. 하지만 어머니는 "서울 유학 보낼 능력이 없다"고 하셨다. 그는 은행을 그만두고 경남대 국어교육과에 다녔다. 정일근은 밀양 영남루에서 열린 아랑제 백일장에 나가 대학·일반부 차석을 했다. 장원은 신분을 속이고 나온 대구 대건고 고등학생 안도현이었다.

정일근은 대학 다니던 1984년 〈실천문학〉을 통해 「야학일기」로 등단했다. 졸업 후엔 모교 진해 남중에서 학생들을 가르치며 첫 시집 『바다가 보이는 교실』을 냈다. 그는 기자문인 김훈이 멋져 보여서 서른둘에 경향신문에 들어갔다. 서울에서 사건기자로 경찰서를 돌아다니다 부산 주재기자로 내려왔고, 1992년 소속사를 문화일보로 바꿔 온 곳이 울산이다.

기자 정일근은 울산광역시 울주군 언양읍 대곡리에 있는 반구대 암각화를 구경갔다가 경상남도 기념물이라는 걸 알고 실망했다. 겨우 도 기념물이라니. 그는 반구대 암각화를 국보로 승격시키자는 운동에 앞장섰다. 그러면서 고래에 관심이 생겨 장생포를 드나들며 고래 시를 쓰기 시작했다. 암각화는 1995년 국보 285호로 지정됐다.

　　그는 1998년 전업시인으로 나선 뒤로는 '고래운동가'가 됐다. 이듬해에는 시노래 모임 '푸른 고래'를 만들어 울산과 바다와 고래를 소재로 삼은 시를 노래로 지어 보급했다. 2005년에는 주문진서 장생포까지 7번 국도를 따라 6주 간을 걸으며 시노래 공연도 하고 포경반대 캠페인도 했다.

　　그 해 국제포경위원회^{IWC} 총회가 울산서 열렸을 때는 우리 시인들의 고래 시를 영역^{英譯}한 고래 시집을 발간해 총회 대표단에게 돌렸다. 대표단 사람들은 "총회가 57차에 이를 동안 이런 곳은 처음"이라며 감탄했다. 2007년엔 영남지역 시인들을 주축으로 '고래를 사랑하는 시인들의 모임'도 만들었다.

　　정일근은 시의 힘을 빌려 울산과 장생포와 고래에 대한 세상의 관심을 키운다. 내로라 하는 시인들을 울산으로 불러 모셔 탐사선에 태우고 고래를 보여준다. 그렇게 해서 시인들이 자연스럽게 고래 시를 쓰도록 한다. 이를테면 고래를 문학 속으로 끌어들이는 전략이다. 김남조 시인만 해도 그에게 이끌려 탐사선을 탄 뒤 「바다 카나리아」를 비롯한 명시 세 편을 썼다. 안도현은 「고래를 기다리며」를 써서 '소월시

문학상'을 받았다. 그는 '고래문학제'도 열고 있다. 2010년에는 그가 주간이 돼 반연간지 〈고래와 문학〉도 창간했다.

정일근은 2009년 울산 남구청이 4월 25일을 '고래의 날'로 선포하도록 이끌었다. 곡우 지나 고래가 나타날 즈음, 울산 사람들이 포경에 나섰던 때에 맞춘 날이다. 그 해 5월 울산 해안선 155킬로미터를 '고래바다'로 명명한 이도 정일근이다.

장생포 고래박물관 바닷가엔 '고래바다 울산선언탑'이 서 있다. 탑에는 그가 쓴 육필 비문이 새겨져 있다. "대한민국 유일의 고래바다인 이곳에서 바다와 고래와 사람이 하나가 되는 생명의 바다, 상생의 바다, 꿈의 바다가 새롭게 펼쳐져 울산 고래바다가 고래를 사랑하는 모든 사람들에게 희망의 새로운 이름이 되기를 바랍니다." 그는 "이제 고래는 울산의 브랜드가 됐다. 거기에 내가 한 몫 했다"고 자부했다.

정일근은 2000년 말 한겨울 아침 울주군 웅촌면 은현리에 살던 기자 후배 집에 들렀다. 코끝이 찡하도록 오지게 추운 날 후배의 초등학생 아들이 마루에서 맨발로 공부하고 있었다. 후배는 "아이가 내성(耐性)이 생겨 추위에 까딱도 않는다"고 했다. 정일근은 조금만 추위도 칭칭 싸매고 조금만 더워도 에어컨을 틀어대는 스스로가 부끄러웠다. 비가 와도 눈이 와도 모른 채 아파트에 갇혀 사는 처지를 돌아보게 됐다. 그는 곧바로 울산 시내에서 서쪽으로 25킬로미터 떨어진 은현리에 작업실을 얻어 들어왔다.

은현리는 산업도시 울산에서 보기 드물게 농촌공동체로 남아 있다.

주변까지 공단들이 들어왔지만 아직도 들판과 자연을 온전히 거느리고 있는 축복받은 동네다. 마을은 무제치 늪을 안은 솥발산이 병풍처럼 둘러친 들판에 들어앉았다. 그는 양산 출신 아버지 고향이 바로 솥발산 너머에 있었다는 걸 나중에야 알고서 운명 같은 것을 느꼈다.

들판을 내려다보는 낮은 언덕에 슬레이트 지붕을 얹은 소박한 벽돌집 한 칸이 그의 작업실 '청솔당聽率堂'이다. '귀뚜라미 소리에 귀기울인다'는 뜻이다. 대문 옆에 3미터도 넘게 솟은 물앵두나무가 자잘한 열매를 맺었다. 그는 "아랫도리에 열린 건 사람이, 윗도리에 열린 건 새가, 남아서 떨어진 건 땅이 챙긴다"고 했다.

사방 책들이 꽂힌 방에 앉으니 집 뒤 갓 모내기 한 논에서 흙냄새가 창으로 밀려든다. 상큼하다. 그가 뜰에서 산딸기를 한 움큼 따다 씻어준다. 새큼하다. 그는 "마을 사람들이 감자, 두릅 캐서 들고 온다. 여전히 나눠먹고 살 줄 아는 마을"이라고 했다.

정일근은 이곳에서 책도 읽고 시상詩想도 메모하고 초抄도 잡는다. 그는 은현리에서 열심히 글을 써서 남매를 대학까지 보냈다. 진해남중 교사 시절 썼던 「바다가 보이는 교실」이 2001년 중1 교과서에 실리면서 강연 요청과 산문 청탁이 많이 들어온 것도 도움이 됐다. 그는 "은현리에서 지내면 먹고 사는 데 큰돈이 안 든다"고 했다. 한 달 세가 전기세, 물세 합쳐 15만 원이다.

그는 마을버스로 10분 걸리는 양산 주남동에서 어머니를 모시고 산다. "어머니가 내 시의 제일 독자"라고 했다. 시를 쓰면 어머니에게 맨

"아파도 쓸 수밖에 없는, 그럼으로써 나를 구원해주는 시에 감사한다. 시는 내 삶에 내린 고통이자 선물이다."

먼저 보여드린다. 어머니는 아들의 시를 보며 웃고 우신다. 정일근은 어머니를 위해 글자도 큼직하고 그림도 곁들인 세 권짜리 연작 동화를 쓰기도 했다. 그는 어릴 적 어머니가 차려주시던 밥상을 생각하며 쓴 「둥근, 어머니의 두레밥상」으로 2003년 '소월시문학상'을 받았다.

> 모난 밥상을 볼 때마다 어머니의 두레밥상이 그립다
> 고향 하늘에 떠오르는 한가위 보름달처럼
> 달이 뜨면 피어나는 달맞이꽃처럼
> 어머니의 두레밥상은 어머니가 피우시는 사랑의 꽃밭
> 내 꽃밭에 앉는 사람 누군들 귀하지 않겠느냐
> 식구들 모이는 날이면 어머니가 펼치시던 두레밥상
> 둥글게 둥글게 제비새끼처럼 앉아
> 어린 시절로 돌아간 듯 밥숟가락 높이 들고
> 골고루 나눠주시는 고기반찬 착하게 받아먹고 싶다
> (중략)
> 이제는 돌아가 어머니의 둥근 두레밥상에 앉고 싶다
> 어머니에게 두레는 모두를 귀히 여기는 사랑
> 귀히 여기는 것이 진정한 나눔이라 가르치는
> 어머니의 두레밥상에 지지배배 즐거운 제비새끼로 앉아
> 어머니의 사랑 두레먹고 싶다.
> ―「둥근, 어머니의 두레밥상」 일부

정일근은 은현리에서 가장 크게 얻은 것으로 "내 시가 역사와 현실에서 서정으로 돌아온 것"을 꼽았다. "여기서 참 열심히 살았다. 땅 한 평도 없지만 은현리에 신세 많이 졌다"고 했다. 그는 "인생, 여기서 끝낼 것"이라고 했다.

지나온 은현리에서의 삶이 평화롭지만은 않았다. 그는 10여 년 전 쓰러져 뇌종양 진단을 받았다. 선배인 의사는 "잘해야 두 달 살 것"이라고 했다. 그 두 달 사이 머리 절개수술을 두 차례 했다. 종양은 다행히도 악성이 아니었다.

정일근은 호(號)를 허산(虛山)으로 지었을 만큼 산을 좋아한다. 월간 〈사람과 산〉 편집위원도 했다. 가까운 경주 남산은 아예 살다시피 하며 3백 차례를 오르고는 그만뒀다. 그는 2000년 울산시 에베레스트원정대에 따라갔다가 고산병에 걸려 호된 후유증을 겪었다. 폐수종에 걸려 심장이 나빠졌고 폐쇄공포증도 따라붙었다.

2007년엔 시민운동 공정거래Korean Fair Trade 홍보대사로 활동하다 동티모르에 갔다. 산악지대 가브라키에서 여름 한 달을 보내며 아라비카종 커피 농사를 도왔다. 그곳 사람들 이야기와 농사 경험을 책으로 써서 수익금으로 학교를 지어줄 생각이었다.

정일근은 귀국 전날 말라이아에 걸렸다. 해발 2천 미터나 되는 고산지대에 설마 모기가 있으랴 방심하다 막바지에 덜미를 잡혔다. 몸이 으스스 춥고 열이 올라 동티모르 국립보건원에 갔더니 말라리아라고 했다. 한국에 와서 치료받는 게 나을 것 같아 귀국을 강행했다. "귀국

길에 고열로 죽을 수도 있다"고 해서 조금이라도 열을 내리려고 머리를 빡빡 밀었다. 그는 돌아오는 길 인도네시아에 내려 응급 치료를 받아야 했다.

겨우 귀국해서도 38도 고열이 내려갈 줄을 몰랐다. 그는 초주검이 돼 울산대 응급실로 실려간 이래 두 해 사이 7~8차례나 병원 신세를 졌다. 고열에 내장이 상해 몸과 얼굴이 붓고 몸에서 소금이 빠져나가는 증세에 시달렸다. 지금도 갑상선 이상을 비롯한 일곱 가지 후유증을 겪고 있다.

정일근은 이런 고통도 선물로 여긴다. "이런 경험을 하는 시인이 어디 있겠느냐"고 했다. 그가 뇌종양 수술을 받고 투병할 때 김남조 시인이 "신은 고통을 주실 때 반드시 선물도 주신다"고 해준 말씀을 새기며 산다. 그러면서 지금까지 발간 시집 열 권을 채웠다. 그는 아파도 쓸 수밖에 없는, 그럼으로써 그를 구원해주는 시에 감사한다. "시는 내 삶에 내린 고통이자 선물"이라고 했다.

울산은 지난 50년간 쉬지 않고 공업화의 길을 달려왔다. 노사분규, 공해, 오염이 울산을 상징했다. 사건, 사고도 많아 기자들은 "대한민국에서 일어날 수 있는 사건이 울산에서 다 난다"고 했다. 그래서 울산을 '사건 백화점'이라고 불렀다. 언젠가 여론조사에서는 "울산에서 자식 낳아 기르며 살겠다"는 사람이 40퍼센트도 안 됐다.

정일근은 그런 울산이 광역시로 품이 커지면서 꿈꾸고 변화하는 도시가 됐다고 했다. 경남 울산과 울주로 따로 놀더니 큰 그릇으로 하나가 됐다. 도서관, 박물관, 문화공간이 많이 생기면서 눌러 살겠다는 정주定住 의식도 커졌다. 사건이 눈에 띄게 줄어 사건기자들 할 일이 없어졌다. 그는 노자 『도덕경』에 나오는 '상선약수上善若水'라는 말처럼 요동치던 물이 수평을 찾아가는 것이라고 했다.

그는 "안도현이 전주 사람 됐듯 나도 20년 가까이 울산 살다 보니 울산 사람 다 됐다"고 했다. 그가 울산에 와서 등단시킨 시인만 예순 명이 넘는다. 울산 문학에 큰 공헌을 했다는 자부심도 있다. "울산은 누구든 꿈 품고 오면 이룰 수 있는 기회의 땅입니다. 나만 해도 울산에서 세 손가락 안에 드는 고래전문가가 되지 않았습니까." 한 주간지가 조사한 '울산을 움직이는 사람' 문화부문에서 그는 예총 회장과 0.01퍼센트 차로 2위에 올랐다.

정일근은 2010년 전업시인으로 산 열두 해 세월을 끝내고 모교 경남대에서 시를 가르치는 교양학부 정교수가 됐다. 그러나 사는 곳을 옮길 생각은 없다. 일주일에 하룻밤만 창원에 묵으며 강의한다. 그에게 장생포 고래는 가슴 뛰는 삶, 은현리 자연은 시이기 때문이다. 둘은 정일근의 삶에 큰 축이다. 그 둘만으로도 그는 한가할 틈이 없다. 그는 자신이 "이 도시에서 가장 행복한 사람"이라고 했다.

정일근은 "바다는 다 받아줘서 바다"라고 말했다. 바다 해海 자 속에 어미 모母가 들어 있고, 프랑스어 '라 메르La Mer'도 '어머니'를 이르는 'Mére'와 발음이 같지 않느냐고 했다. 미국 시인 칼 샌드버그가 "시인은 바다에서 육지로 진화해온 동물"이라고 한 말도 꺼냈다. "예로부터 사람이 죽어 고래 되고, 고래가 죽어 사람이 된다"는 이야기도 있다고 했다.

정일근은 어머니 같이 모든 것을 받아주는 울산 바다에서 시인의 전신(前身) 고래를 만난다. 울산 바다의 정기, 울산 사람들의 혼을 상징하는 우리 귀신고래를 기다린다. 그는 "내 눈으로 발견한 고래가 10만 마리를 채울 때까지 바다로 나가겠다"고 했다.

내 인생의 도시

1판 1쇄 인쇄 2011년 6월 22일
1판 1쇄 발행 2011년 6월 30일

지은이 | 오태진
펴낸이 | 김이금
펴낸곳 | 도서출판 푸르메
등록 | 2006년 3월 22일(제318-2006-33호)
주소 | 서울시 마포구 연남동 568-39 컬러빌딩 301호(우 121-869)
전화 | 02-334-4285~6
팩스 | 02-334-4284
전자우편 | prume88@hanmail.net
인쇄·제본 | 한영문화사

© 오태진, 2011

ISBN 978-89-92650-42-7 03810

* 이 책의 전부 또는 일부 내용 및 사진을 이용하려면 반드시 저작권자와 도서출판 푸르메의 동의를 받아야 합니다.
* 책값은 뒤표지에 표시되어 있습니다.
* 저자와 협의하여 인지를 생략합니다.